Σ BEST シグマベスト

中2英語

実力アップ
問題集

文英堂編集部 編

JN025257

EXERCISE BOOK | ENGLISH

文英堂

実力アップが実感できる問題集です。

1 初めの「重要ポイント/ポイント一問一答」で，定期テストの要点が一目でわかる！

2 「3つのステップにわかれた練習問題」を順に解くだけの段階学習で，確実にレベルアップ！

3 苦手を克服できる別冊「解答と解説」。問題を解くためのポイントを掲載した，わかりやすい解説！

標準問題

定期テストで「80点」を目指すために解いておきたい問題です。

差がつく 解くことで，高得点をねらう力がつく問題。

カンペキに仕上げる！

実力アップ問題

定期テストに出題される可能性が高い問題を，実際のテスト形式で載せています。

基礎問題

定期テストで「60点」をとるために解いておきたい，基本的な問題です。

重要 みんながほとんど正解する，落とすことのできない問題。

ミス注意 よく出題される，みんなが間違えやすい問題。

基本事項を確実におさえる！

重要ポイント / ポイント一問一答

重要ポイント 各単元の重要事項を1ページに整理しています。定期テスト直前のチェックにも最適です。

ポイント 一問一答 重要ポイントの内容を覚えられたか，チェックしましょう。

1 現在の文（復習①）

重要ポイント

① be 動詞の現在の文

☐ **be 動詞の現在形は am，are，is。**

主語によって使い分ける。

- ・主語が I のとき → **am**
- ・主語が you と複数のとき → **are**
- ・主語が 3 人称単数のとき → **is**

> 短縮形
> I am → I'm / You are → You're
> He is → He's / She is → She's
> They are → They're / It is → It's

I am a junior high school student.（私は中学生です）

They are in the eighth grade.（彼らは中学 2 年生です）

He is my friend.（彼は私の友だちです）

☐ **be 動詞の否定文・疑問文**

be 動詞の否定文は，〈be 動詞＋not〉で表す。be 動詞の疑問文は，be 動詞を主語の前に出し，〈Be 動詞＋主語～？〉で表す。答えにも be 動詞を使う。

> 否定の短縮形
> are not → aren't
> is not → isn't

肯定文	He is at home now.（彼は今家にいます）
否定文	He **is not** at home now.（彼は今家にいません）
疑問文	**Is he** at home now?（彼は今家にいますか）

— Yes, he **is**.（はい，います）/ No, he **isn't**.（いいえ，いません）

② 一般動詞の現在の文

☐ **一般動詞の現在形**

be 動詞以外の動詞を一般動詞という。一般動詞の現在形は〈主語＋一般動詞の現在形〉で表す。

☐ **一般動詞の否定文・疑問文**

一般動詞の否定文は，動詞の前に **do not** をおく。一般動詞の疑問文は，**Do** を主語の前に置く。答えるときには do を使う。どちらも動詞は原形を使う。

肯定文	I like dogs.（私はイヌが好きです）
否定文	I **don't** like dogs.（私はイヌが好きではありません）
疑問文	**Do you** like dogs?（あなたはイヌが好きですか）

> 否定の短縮形
> do not → don't

— Yes, I **do**.（はい，好きです）/ No, I **don't**.（いいえ，好きではありません）

● am, are, is は「〜である」「〜にいる〔ある〕」の意味。
● be 動詞は人称によって形がかわる。
● 一般動詞の疑問文は Do 〜?，否定文は動詞の前に don't を入れる。

ポイント **一問一答**

① be 動詞の現在の文

次の英文の（　　）内の正しいものを○で囲みなさい。

□ (1) Mr. Smith (am / is / are) in the classroom now.

□ (2) I (am / is / are) busy now.

□ (3) These books (am / is / are) interesting.

□ (4) You (am / is / are) a good tennis player.

□ (5) Kate and I (am / is / are) good friends.

□ (6) They (are not / is not) my classmates.

□ (7) (Is / Are) your mother a nurse?

  — Yes, she (am / is / are).

  — No, she (am not / isn't / aren't).

□ (8) (Are / Is) they interested in Japanese history?

  — Yes, they (am / is / are).

  — No, they (am not / isn't / aren't).

② 一般動詞の現在の文

次の英文の（　　）内の正しいものを○で囲みなさい。

□ (1) My brothers (speak / don't) English.

□ (2) We (play / are) tennis every Sunday.

□ (3) They (have / are) a big dog.

□ (4) My sisters (are / go) to school by bicycle.

□ (5) Makoto and I always (play / is) baseball after school.

□ (6) I (don't / am not) like carrots.

□ (7) Carol and Tom (don't / aren't) speak Japanese.

□ (8) (Do / Are) your family (like / do) cats?

  — Yes, they (are / do).

  — No, they (aren't / don't).

 ① (1) is (2) am (3) are (4) are (5) are (6) are not (7) Is, is, isn't (8) Are, are, aren't
② (1) speak (2) play (3) have (4) go (5) play (6) don't
(7) don't (8) Do, like, do, don't

1 〈be 動詞の使い分け〉
次の文の＿＿に am，are，is のうち，適当な be 動詞を書き入れなさい。

(1) I ＿＿＿＿＿＿ Kate's friend.

(2) Mami's father ＿＿＿＿＿＿ a doctor.

(3) ＿＿＿＿＿＿ that your book?

(4) Ken and I ＿＿＿＿＿＿ classmates.

(5) ＿＿＿＿＿＿ the boy her brother?
— Yes, he ＿＿＿＿＿＿ .

2 〈be 動詞の否定文・疑問文〉 🔵重要
次の文を（　　）内の指示にしたがって書きかえるとき，＿＿に適当な 1 語を入れなさい。

(1) I'm a soccer player.（否定文に）
＿＿＿＿＿＿ ＿＿＿＿＿＿ a soccer player.

(2) Mary is from Canada.（疑問文に）
＿＿＿＿＿＿ ＿＿＿＿＿＿ from Canada?

(3) Ms. Wada is an English teacher.（否定文に）
Ms. Wada ＿＿＿＿＿＿ an English teacher.

(4) These bags are yours.（疑問文に）
＿＿＿＿＿＿ ＿＿＿＿＿＿ ＿＿＿＿＿＿ yours?

3 〈be 動詞の疑問文の答え方〉
次の文を ＿＿ に適当な 1 語を入れて疑問文になおし，その答えの文を完成しなさい。

(1) Your mother is a math teacher.
＿＿＿＿＿＿ ＿＿＿＿＿＿ ＿＿＿＿＿＿ a math teacher?
— Yes, ＿＿＿＿＿＿ ＿＿＿＿＿＿ .

(2) You are an American.
＿＿＿＿＿＿ ＿＿＿＿＿＿ an American?
— No, ＿＿＿＿＿＿ ＿＿＿＿＿＿ .

(3) These pictures are mine.
＿＿＿＿＿＿ these pictures ＿＿＿＿＿＿ ?
— Yes, ＿＿＿＿＿＿ ＿＿＿＿＿＿ .

4 〈一般動詞の文〉
次の＿＿＿内に入れる最も適当な語を右から選びなさい。ただし，同じものは２度使いません。

(1) You ＿＿＿＿＿＿＿ music very much.

(2) They ＿＿＿＿＿＿＿ forty books.

(3) I often ＿＿＿＿＿＿＿ letters to my friend.

(4) My brothers ＿＿＿＿＿＿＿ tennis.

(5) We ＿＿＿＿＿＿＿ his name.

do / know /
like / write /
have / play /
sing / look

5 〈一般動詞の否定文・疑問文〉
次の文を（　）内の指示にしたがって書きかえるとき，＿＿＿に適当な１語を入れなさい。

(1) You have a new bike. （否定文に）

You ＿＿＿＿＿＿＿ ＿＿＿＿＿＿＿ a new bike.

(2) Tomoko and I go to school by bus. （否定文に）

Tomoko and I ＿＿＿＿＿＿＿ ＿＿＿＿＿＿＿ to school by bus.

(3) Your sisters play the piano. （疑問文に）

＿＿＿＿＿＿＿ your sisters ＿＿＿＿＿＿＿ the piano?

6 〈一般動詞の疑問文の答え方〉🔑重要
＿＿＿に適当な１語を入れて，問答文を完成しなさい。

(1) A：Do you play soccer?

B：No, ＿＿＿＿＿＿＿ ＿＿＿＿＿＿＿ .

(2) A：Do Tom and his brother play the flute?

B：No, ＿＿＿＿＿＿＿ ＿＿＿＿＿＿＿ .

(3) A：Do you and Bob swim in the river?

B：Yes, ＿＿＿＿＿＿＿ ＿＿＿＿＿＿＿ .

💡ヒント ──── ➡にはポイントになる単語の発音と意味が掲載されています。

2 (3) 否定の短縮形を使う。
➡ be from ～ ～の出身である　Canada[kǽnədə キャナダ] カナダ
teacher[tíːtʃər ティーチァ] 先生，教師　yours[júər[ɔ́ː]z ユア〔ヨー〕ズ] あなた（たち）のもの

3 (3) these は答えの文では they になる。

4 ➡ letter[létər レタァ] 手紙

5 一般動詞の否定文・疑問文には，do を使う。

6 一般動詞の疑問文には，do を使って答える。
➡ flute[flúːt フルート] フルート　swim[swím スウィム] 泳ぐ　river[rívər リヴァ] 川

1 ⚠ ミス注意

次の文の（　　）に入る適当な語を選び，記号で答えなさい。

(1) My sisters (　　　　　　) tennis once a week.

　　ア　is　　　　　　イ　are　　　　　　ウ　play　　　　　エ　do

(2) (　　　　　　) you like music very much?

　　ア　Is　　　　　　イ　Are　　　　　　ウ　Am　　　　　エ　Do

(3) We (　　　　　　) much snow in winter.

　　ア　don't　　　　イ　don't have　　　ウ　aren't　　　　エ　aren't have

(4) My father and I (　　　　　　) drive on Sunday.

　　ア　isn't　　　　イ　don't　　　　　ウ　aren't　　　　エ　not

(5) Are you American students?

　　— No, (　　　　　　) aren't.

　　ア　I　　　　　　イ　we　　　　　　ウ　you　　　　　エ　they

(6) Do Mr. and Ms. Suzuki (　　　　　　) sandwiches?

　　ア　do like　　　イ　are　　　　　ウ　like　　　　　エ　don't like

2 🏠 がっく

次の日本文の意味を表すように，（　　）内の語を並べかえなさい。ただし，(1)以外は1語不足する語があるので補いなさい。

(1) ケンと私はバスで学校に行きます。(I / bus / Ken / to / go / by / school / and).

_____

(2) 彼女のお父さんは医者ですか。(doctor / her / a / father)?

_____

(3) あの少年はトムではありません。(boy / Tom / that).

_____

(4) あなたはギターを弾きますか。(the / play / you / guitar)?

_____

(5) 彼らは野球をしません。(play / baseball / they).

_____

(6) 私と姉は朝7時に家を出ます。

　　(I / my / in / home / seven / and / leave / the / at / sister).

_____

3 （　　）内の語句を並べかえて，意味の通る英文をつくりなさい。

(1)(his friends / football / and / play / Ken) in the park.

_____ in the park.

(2)(They / French / well / very / speak).

_____

(3)(in / I / a lot of / friends / my school / good / have).

_____

4 🔑重要

次の文を（　　）内の指示にしたがって書きかえなさい。

(1)Are those pictures yours? (下線部を単数形にして)

_____

(2)Mary and Bob study French on Sundays. (疑問文に)

_____

(3)We have many rooms in our house. (否定文に)

_____

(4)No, I don't. I don't know her name. (この文が答えとなる疑問文に)

_____

(5)Tom and Mary are in the sixth grade. (下線部をⅠにして)

_____

5 次の絵を見て，_____ に適当な1語を入れて対話文を完成しなさい。

(1) _____ your children in the park?

— Yes, they _____ .

(2) _____ Ken and Mr. Brown talk in English?

— Yes, they _____ .

(3) _____ you play the violin?

— No, I _____ . I _____ the piano.

2 現在の文（復習②）

① 一般動詞の３人称単数現在の文

☐ 主語が３人称単数のときは一般動詞の終わりに -(e)s

一般動詞は，主語が３人称単数のとき語尾に **-(e)s** がつく。

I　like　cats.（私はネコが好きです）

He **likes** cats.（彼はネコが好きです）
└ 語尾に -(e)s がつく

-(e)s のつけ方
・ふつうは -s　play → plays
・s, sh, ch, o, x のあとは -es
　　go → goes
　　watch → watches
・〈子音字+y〉は y を i にして -es
　　study → studies
・have は has になる

☐ 主語が３人称単数の否定文・疑問文

主語が３人称単数のとき，一般動詞の否定文は動詞の前に **does not** を置く。疑問文は，**Does** を主語の前に置く。動詞はいずれも原形を使う。

否定文 He **doesn't** like cats.（彼はネコが好きではありません）

疑問文 **Does** he like cats?（彼はネコが好きですか）

— Yes, he **does**.（はい，好きです）

/ No, he **doesn't**.（いいえ，好きではありません）

否定の短縮形
does not → doesn't

② 現在進行形

☐ 現在進行形の形＝〈be 動詞＋動詞の -ing 形〉

〈am[are, is]＋動詞の -ing 形〉で，「（今）〜している」と進行中の動作を表す。

☐ 現在進行形の否定文・疑問文

現在進行形の否定文は am[are, is] のあとに **not** を置く。疑問文は am[are, is] を主語の前に出し，答えるときは am[are, is] を使う。

肯定文 Ken **is playing** tennis.（ケンはテニスをしています）

否定文 Ken **is not playing** tennis.（ケンはテニスをしていません）

疑問文 **Is** Ken **playing** tennis?（ケンはテニスをしていますか）

— Yes, he **is**.（はい，しています）/ No, he **isn't**.（いいえ，していません）

☐ -ing 形のつくり方

-ing 形は動詞の原形に -ing をつける。つけ方には次の３つがある。

・ふつうはそのまま **-ing** をつける：play → play**ing**

・**e** で終わる語は **e** をとって **-ing** をつける：make → mak**ing**

・〈短母音＋子音字〉で終わる語は，子音字を重ねて **-ing** をつける：sit → sit**ting**

テストでは **ココ** が ねらわれる
◉一般動詞は，主語が３人称単数のとき，語の終わりに -e(s) がつく。
◉「（今）〜している（ところだ）」という現在進行形は，〈am [are，is] ＋動詞の -ing 形〉の形。
◉動詞の -ing 形の３つのつくり方を確実に覚えておこう。

ポイント 一問一答

① 一般動詞の３人称単数現在の文

次の英文の（　　）内の正しいものを○で囲みなさい。

☐ (1) My sister (speak / speaks) English.

☐ (2) Mike (have / has) a small cat.

☐ (3) My father (is / do / does) a math teacher.

☐ (4) Bob (don't / doesn't) play soccer after school.

☐ (5) Kate and Tom (don't / doesn't) like fish.

☐ (6) (Do / Does) Carol and Hideo walk to school?
　　　— Yes, they (do / does).

☐ (7) (Do / Does) your mother (get / gets) up early?
　　　— Yes, she (do / does). She (get / gets) up at 5.

② 現在進行形

次の英文の（　　）内の正しいものを○で囲みなさい。

☐ (1) She is (make / makes / making) lunch.

☐ (2) They aren't (sing / sings / singing) a song.

☐ (3) (Am / Are / Is) you (study / studies / studying)?
　　　— No, I'm not.

☐ (4) What are you (make / makes / making)?
　　　— An apple pie.

☐ (5) (Am / Are / Is) she (come / comes / coming)
　　　with us?
　　　— Yes, she is.

☐ (6) They are (have / has / having) lunch.

☐ (7) I'm not (listen / listens / listening) to the radio.

- -

答
① (1) speaks (2) has (3) is (4) doesn't (5) don't
　 (6) Do, do (7) Does, get, does, gets
② (1) making (2) singing (3) Are, studying
　 (4) making (5) Is, coming (6) having (7) listening

1 〈3人称単数の文〉⚠️ミス注意
次の日本文の意味を表すように，＿＿＿に適当な1語を入れなさい。

(1) ジロウは日本に住んでいます。

Jiro ＿＿＿＿＿＿＿ in Japan.

(2) このクラスには30人の生徒がいます。

This class ＿＿＿＿＿＿＿ thirty students.

(3) 彼女はあなたの誕生日を知っています。

She ＿＿＿＿＿＿＿ your birthday.

(4) マコトはとてもじょうずにピアノを弾きます。

Makoto ＿＿＿＿＿＿＿ the piano very well.

(5) 私のお姉さんは18歳です。

My sister ＿＿＿＿＿＿＿ eighteen years old.

2 〈3人称単数の一般動詞の否定文・疑問文〉
次の文を（　　）内の指示にしたがって書きかえるとき，＿＿＿に適当な1語を入れなさい。

(1) Susan goes to school by bus. （否定文に）

Susan ＿＿＿＿＿＿＿ ＿＿＿＿＿＿＿ to school by bus.

(2) Your father makes breakfast every morning. （疑問文に）

＿＿＿＿＿＿＿ your father ＿＿＿＿＿＿＿ breakfast every morning?

(3) You and your sister play basketball every Sunday. （疑問文に）

＿＿＿＿＿＿＿ you and your sister ＿＿＿＿＿＿＿ basketball every Sunday?

3 〈3人称単数の一般動詞の疑問文の答え方〉
＿＿＿に適当な1語を入れて，問答文を完成しなさい。

(1) A : Does Tom go to bed before 10 at night?

B : Yes, ＿＿＿＿＿＿＿ ＿＿＿＿＿＿＿ .

(2) A : Do you often help your mother at home?

B : Yes, ＿＿＿＿＿＿＿ ＿＿＿＿＿＿＿ . My sister ＿＿＿＿＿＿＿ our mother, too.

(3) A : Do you like apples?

B : No, ＿＿＿＿＿＿＿ ＿＿＿＿＿＿＿ , but my mother ＿＿＿＿＿＿＿ them.

(4) A : Does Kate speak French?

B : No, ＿＿＿＿＿＿＿ ＿＿＿＿＿＿＿ , but she ＿＿＿＿＿＿＿ English.

4 〈-ing 形のつくり方〉 →●重要
次の語の -ing 形を書きなさい。

(1) use ＿＿＿＿＿＿＿ (2) watch ＿＿＿＿＿＿＿ (3) write ＿＿＿＿＿＿＿

(4) make ＿＿＿＿＿＿＿ (5) cut ＿＿＿＿＿＿＿ (6) play ＿＿＿＿＿＿＿

5 〈現在進行形の文の区別〉
次の文の（　）内から適当な語句を選び，○で囲みなさい。

(1) My sister (am / is / are) taking pictures.

(2) They (am / is / are) sitting on the bench.

(3) I am (study / studies / studying) very hard now.

(4) Hideo (speak / speaks / speaking) French every day.

(5) They (sing / are singing) that song now.

6 〈現在進行形の文〉
次の文を現在進行形の文に書きかえるとき，＿＿＿に適当な1語を入れなさい。(4)は No
で答える文もつくりなさい。

(1) My brother writes a letter.

→ My brother ＿＿＿＿＿＿＿ ＿＿＿＿＿＿ a letter.

(2) You don't study Spanish.

→ You ＿＿＿＿＿＿ ＿＿＿＿＿＿ Spanish.

(3) Do they use our classroom?

→ Are ＿＿＿＿＿＿ ＿＿＿＿＿＿ our classroom?

(4) Does Masao cut the tree?

→ ＿＿＿＿＿＿ Masao ＿＿＿＿＿＿ the tree?

— No, ＿＿＿＿＿＿ ＿＿＿＿＿＿ .

💡ヒント

1 主語が3人称単数のときは，一般動詞の語尾に -(e)s がつく。
　→ live [lív リヴ] 住む　birthday [bə́:rθdei バ～スデイ] 誕生日

2 主語が3人称単数の一般動詞の否定文・疑問文には，does を使う。
　→ breakfast [brékfəst ブレクファスト] 朝食

3 主語が3人称単数の一般動詞の疑問文には，does を使って答える。

4 (1)(3)(4)は e で終わっていることに注意。(5)は〈短母音＋子音字〉の形。
　→ watch [wú[wɔ́]tʃ ワ[ウォ]ッチ] ～を（じっと）見る　cut [kʌ́t カット] ～を切る

5 → take pictures　写真をとる　French [fréntʃ フレンチ] フランス語，フランスの

6 (2)(4)は短縮形を使う。
　→ Spanish [spǽniʃ スパニシ] スペイン語　tree [trí: トゥリー] 木

1 次の文の（　　　）に入る適当な語を選び，記号で答えなさい。

(1) My aunt (　　　　) to Canada three times a year.

　　ア　is　　　　　　イ　are　　　　　　ウ　go　　　　　　エ　goes

(2) (　　　　) he like movies very much?

　　ア　Is　　　　　　イ　Are　　　　　　ウ　Do　　　　　　エ　Does

(3) My father (　　　　) work on Monday.

　　ア　isn't　　　　　イ　don't　　　　　ウ　doesn't　　　　エ　aren't

(4) Do you and your brother walk your dog every morning?

　　— No, we don't. My brother (　　　　) our dog every evening.

　　ア　don't　　　　　イ　doesn't　　　　ウ　walk　　　　　エ　walks

2 ⚠️ ミス注意
次の（　　　）内の語句を並べかえて，意味の通る英文をつくりなさい。ただし，1語不要な語が含まれています。

(1) Ken (every / do / up / does / at six / get / not) day.

　　Ken _____ day.

(2) (the earth / does / far / is / from) the moon?

　　_____ the moon?

(3) A : (kind / does / book / sister / what / your / of / do) usually read?

　　B : She usually reads science books.

　　_____ usually read?

(4) (are / language / learning / you / do / what) now?

　　_____ now?

(5) A : What are you doing?　B : (do / picture / am / a / I / taking).

　　_____

3 次の文を（　　　）内の指示にしたがって書きかえなさい。

(1) I have breakfast at seven. （下線部を She にかえて）

　　_____

(2) No, he doesn't. He doesn't watch TV every day. （この文が答えとなる疑問文に）

　　_____

(3) She studies for two hours every day. （否定文に）

_____

(4) My father reads a lot. （現在進行形の文に）

_____

(5) We don't swim in the pool. （現在進行形の否定文に）

_____

(6) Taro is playing <u>tennis</u> now. （下線部を中心にたずねる文に）

_____

---

4 🔑重要

次の日本文の意味を表すように，＿＿＿に適当な1語を入れなさい。

(1) 私は今，自分の部屋で宿題をしています。

　　I ＿＿＿＿＿＿＿＿ ＿＿＿＿＿＿＿＿ my homework in my room now.

(2) ユミとケンは公園で走っているところですか。

　　＿＿＿＿＿＿＿＿ Yumi and Ken ＿＿＿＿＿＿＿＿ in the park?

(3) ブラウン先生は電車で学校に行きますか。

　　＿＿＿＿＿＿＿＿ Mr. Brown ＿＿＿＿＿＿＿＿ to school by train?

(4) あなたとケイトは同級生ですか。

　　＿＿＿＿＿＿＿＿ you and Kate classmates?

---

5 🏠がつく

次の対話文の（　　）内に入る最も適当な文を下のア〜エから選び，記号で答えなさい。

(1) 〔デパートで〕

Masao : Excuse me, I'm looking for a white shirt for my father.

　店員 : （　　　）

Masao : Large, please.

　店員 : How about this one?

　ア　How much is it?　　　　　イ　What is it?

　ウ　What color?　　　　　　　エ　What size?

(2) 〔学校で〕

　Ann : I play with my dog every day.

Mike : （　　　）

　Ann : I throw a ball in the park.

Mike : That's nice.

　ア　What do you call it?　　　イ　What do you do?

　ウ　Where is it?　　　　　　　エ　How is it?

3 過去の文（復習③）

重要ポイント

① 一般動詞の過去形（規則動詞・不規則動詞）

□ 一般動詞の過去形のつくり方

規則動詞は原形の語の終わりに -(e)d をつける。

現在の文	Ken plays tennis.

（ケンはテニスをします）

過去の文	Ken play**ed** tennis.

　　　　　語の終わりが -(e)d の形になる

（ケンはテニスをしました）

> **-(e)d のつけ方**
> ・ふつうは -ed　open → opened
> ・e のあとは -d だけつける　like → liked
> ・〈子音字＋y〉は y を i にして -ed
> 　study → studied
> ・〈短母音＋子音字〉は子音字を重ねて -ed
> 　plan → planned

□ 不規則動詞

語の終わりに -(e)d をつけるのではなく，ちがった形になる不規則動詞がある。

現在の文	He comes here every day. |（彼は毎日ここへ来ます）

過去の文	He **came** here yesterday. |（彼は昨日ここへ来ました）

> **不規則動詞の例**
> give → gave
> take → took
> have → had

② 一般動詞の過去形の否定文

□ 否定文＝〈did not[didn't]＋動詞の原形〉

一般動詞の過去の否定文は，動詞の前に **did not[didn't]** を置く。

肯定文	Yumi went there. |（ユミはそこに行きました）

否定文	Yumi **did not go** there. |（ユミはそこへ行きませんでした）

　　　　　動詞は原形

③ 一般動詞の過去形の疑問文

□ 疑問文＝〈Did＋主語＋動詞の原形〜?〉

一般動詞の過去の疑問文は，**did** を文のはじめに置き，動詞は必ず原形にする。

答えるときには did を使う。

肯定文	She played the piano. |（彼女はピアノを弾きました）

疑問文	**Did** she **play** the piano? |（彼女はピアノを弾きましたか）

　　　　　動詞は原形

— Yes, she **did**. / No, she **didn't**.

（はい，弾きました）　（いいえ，弾きませんでした）

ポイント 一問一答

① 一般動詞の過去形

次の英文の（　　）内の正しいものを○で囲みなさい。

☐ (1) We (walk / walking / walked) to the park yesterday.

☐ (2) Taro (eats / eated / ate) some bread this morning.

☐ (3) Your sister (use / uses / used) my computer last week.

☐ (4) They (comes / coming / came) together.

☐ (5) I (take / taked / took) a lot of pictures yesterday.

② 一般動詞の過去形の否定文

次の英文の（　　）内の正しいものを○で囲みなさい。

☐ (1) I (don't / doesn't / didn't) (help / helps / helped) my mother last week.

☐ (2) Lucy usually (don't / doesn't / isn't) (make / makes / maked) lunch.

☐ (3) We (don't / doesn't / didn't) (buy / buys / bought) any magazines this morning.

☐ (4) They (don't / doesn't / didn't) (study / studies / studied) last night.

③ 一般動詞の過去形の疑問文

次の英文の（　　）内の正しいものを○で囲みなさい。

☐ (1) (Do / Does / Did) you (watch / watches / watched) TV last night?
　　 — Yes, I (do / does / did).

☐ (2) Who played tennis?　— Ken (do / does / did).

☐ (3) (Do / Does / Did) your brother (come / came / coming) home late yesterday?

☐ (4) (Do / Does / Did) they (go / went / going) to school together last month?

☐ (5) (Do / Does / Did) your friend (know / knew / knows) the news last evening?
　　 — Yes, they (do / does / did).
　　 — No, they (don't / doesn't / didn't).

答　① (1) walked　(2) ate　(3) used　(4) came　(5) took

② (1) didn't, help　(2) doesn't, make　(3) didn't, buy　(4) didn't, study

③ (1) Did, watch, did　(2) did　(3) Did, come
　　 (4) Did, go　(5) Did, know, did, didn't

基 礎 問 題

▶答え　別冊p.6

1 〈-ed のつけ方と発音〉

次の動詞の過去形を書きなさい。また，**-ed** の発音が [d ド] ならア，[t ト] ならイ，[id イド] ならウと書きなさい。

原形	過去形	-ed の発音
(1) open	_____	(　　　)
(2) like	_____	(　　　)
(3) need	_____	(　　　)
(4) stop	_____	(　　　)
(5) study	_____	(　　　)
(6) wait	_____	(　　　)

2 〈不規則動詞の過去形〉 🔴重要

次の動詞の過去形を書きなさい。

(1) cut _____　　　(2) speak _____

(3) make _____　　　(4) tell _____

(5) run _____　　　(6) come _____

(7) buy _____　　　(8) know _____

(9) think _____　　　(10) get _____

3 〈現在の文と過去の文〉

次の（　　）内の動詞を適当な形にかえて，____ に入れなさい。

(1) I _____ to London last week. (go)

(2) They are _____ TV now. (watch)

(3) Who _____ in this town? — Mary does. (live)

(4) We _____ a lot of snow last year. (have)

(5) Tom _____ that movie yesterday. (see)

(6) Kate _____ this letter three days ago. (write)

4 〈過去の否定文〉

次の文の ____ に適当な1語を入れて否定文にしなさい。

(1) You played basketball.

　　→ You _____ not _____ basketball.

18

(2) Masao studied hard last night.

→ Masao ＿＿＿＿＿＿ ＿＿＿＿＿＿ hard last night.

(3) My sister came home yesterday.

→ My sister ＿＿＿＿＿＿ not ＿＿＿＿＿＿ home yesterday.

5 〈過去の疑問文と答え方〉
次の絵を見て，＿＿に適当な1語を入れて対話文を完成しなさい。

A：Did Mary play the violin at the party last night?

B：No, she ① ＿＿＿＿＿＿ . She ② ＿＿＿＿＿＿ the piano.

A：③ ＿＿＿＿＿＿ Tom sing?

B：Yes, he ④ ＿＿＿＿＿＿ . He ⑤ ＿＿＿＿＿＿ two songs.

6 〈過去の文〉 ⚠ ミス注意
次の文を（　　）内の指示にしたがって書きかえなさい。

(1) Ben has a nice camera.（過去の文に）

＿＿＿＿＿＿＿＿＿＿＿＿＿＿＿＿＿＿＿＿＿＿＿＿＿＿

(2) You saw him yesterday.（疑問文に）

＿＿＿＿＿＿＿＿＿＿＿＿＿＿＿＿＿＿＿＿＿＿＿＿＿＿

(3) He read the book for two hours.（下線部を中心にたずねる文に）

＿＿＿＿＿＿＿＿＿＿＿＿＿＿＿＿＿＿＿＿＿＿＿＿＿＿

💡ヒント

1 (4)〈短母音＋子音字〉，(5)〈子音字＋y〉で終わる語に注意。
➡ wait[wéit ウェイト] 待つ

2 不規則動詞の過去形は，さまざまな形になる。
➡ tell[tél テル] ～を話す，いう　buy[bái バイ] 買う　think[θíŋk スィンク] ～と思う，考える
get[gét ゲット] ～を得る

3 時を表す語句に注意する。
➡ ago[əgóu アゴウ] ～前に

4 一般動詞の過去の否定文では，動詞は原形を使う。(2)空所の数から短縮形を使う。

5 No の答えは，否定の短縮形を使う。

6 (3)下線部の内容に注意して考える。read に -s がついていないので過去の文。
➡ read[réd レッド] ～を読んだ（read[ríːd リード] の過去形）

1 次の日本文の意味を表すように，（　　）内の語句を並べかえなさい。

(1) だれがテーブルの上のケーキを食べたの。

(on / who / the cake / ate / the table)?

_____

(2) あなたはこの前の日曜日彼にどこで会いましたか。

(him / Sunday / did / see / you / where / last)?

_____

(3) 彼女は壁にかかっている絵を見ました。

She (at / the wall / the picture / looked / on).

She _____.

(4) マイクは私たちに家族の写真を見せてくれました。

Mike (family / to / us / of / showed / his / the pictures).

Mike _____.

(5) タケオは私におもしろい本をくれました。

(interesting / Takeo / an / to me / book / gave).

_____

2 🏠がつく

次の日本文の意味を表すように，____に適当な1語を入れなさい。

(1) アンは今朝，姉の手伝いをしませんでした。

Ann _____ _____ her sister this morning.

(2) 昨日あなたは学校で何の絵をかきましたか。

_____ _____ _____ you draw at school yesterday?

(3) 昨年は6月に雨がたくさん降りました。

It _____ a _____ in June last year.

3 次の単語の下線部の発音と同じものをア～オから選び，記号を〇で囲みなさい。

(1) played

ア asked　　イ liked　　ウ looked　　エ wanted　　オ loved

(2) stopped

ア arrived　　イ started　　ウ thanked　　エ needed　　オ opened

4 次の文を（ ）内の指示にしたがって書きかえなさい。

(1) Ken has only two lessons today.（下線部を yesterday にかえて）

_____

(2) Lucy spoke French at the party.（否定文に）

_____

(3) Mary went to Kyoto by bus.（疑問文に）

_____

(4) She found the knife in the kitchen.（下線部を中心にたずねる文に）

_____

(5) He lost his watch at school.（下線部を中心にたずねる文に）

_____

(6) Rina met Mike and Bob last week.（下線部を中心にたずねる文に）

_____

5 次の表は，春子さんのある日の生活を示したものである。下の文は，この表についての A さんと B さんの対話文である。①〜⑥の ____ に英語を 1 語ずつ入れて対話文を完成しなさい。ただし，数は英語でつづりなさい。

6	7	8	9	10	11	12	1	2	3	4	5	6	7	8	9	10	11	時
起床	朝食	登校	授業			昼食	授業		テニスと友人と			下校		夕食	学習英語の		就寝	

A：What time did Haruko get up?

B：She ① _____ up ② _____ six.

A：What did she do from three to five in the afternoon?

B：She ③ _____ ④ _____ with her friends.

A：How long did she study English at home in the evening?

B：She ⑤ _____ it for ⑥ _____ hours.

4 過去の文 (復習④)

重要ポイント

① be 動詞の過去形

□ be 動詞の過去形 was, were

is, am の過去形は **was**, are の過去形は **were** で「〜だった」の意味。主語が I や he, she などの3人称単数のときは was を, you と複数のときは were を使う。

□ be 動詞の過去の否定文・疑問文

・be 動詞の過去の否定文 =〈was [were] + not〉

They **were not** in the park. (彼らは公園にいませんでした)

・be 動詞の過去の疑問文 =〈Was [Were] + 主語〜?〉

| 肯定文 | He **was** busy. (彼は忙しかったです) |

| 疑問文 | **Was** he busy? (彼は忙しかったですか) |

— Yes, he **was**. (はい, 忙しかったです)

— No, he **wasn't**. (いいえ, 忙しくありませんでした)

> 短縮形
> was not → wasn't
> were not → weren't

> 答えるときは was [were] を使って答える。

② 過去進行形

□ 過去進行形の形と意味

「〜していた」と過去のあるときに進行していた動作は, 過去進行形〈was [were] + 動詞の -ing 形〉で表す。

| 現在進行形 | They are eating lunch. (彼らは昼食を食べています) |

| 過去進行形 | They were eating lunch. (彼らは昼食を食べていました) |
　　　　　　　　　過去形

□ 過去進行形の否定文・疑問文

・過去進行形の否定文 =〈was [were] not + 動詞の -ing 形〉

Taro **was not watching** TV then.

(タロウはそのときテレビを見ていませんでした)

・過去進行形の疑問文 =〈Was [Were] + 主語 + 動詞の -ing 形〜?〉

Were you **studying**? (あなたは勉強していたのですか)

— Yes, I **was**. (はい, していました)

— No, I **wasn't**. (いいえ, していませんでした)

> 疑問詞があるときは, 疑問詞を文のはじめに置く。
> **What** was he doing?
> (彼は何をしていましたか)
> — He was cooking.
> (彼は料理をしていました)

> 答えるときは was [were] を使う。

● be 動詞の過去形は，is と am は was，are は were の形で表す。
● 過去進行形は〈was[were]＋-ing〉で表す。否定文は〈was[were] not＋-ing〉の形で表し，疑問文は was[were] を主語の前に出す。

ポイント 一問一答

① be 動詞の過去形

次の英文の（　　）内の正しいものを○で囲みなさい。

□ (1) Ken (is / am / was / were) at home yesterday.

□ (2) They (am / are / was / were) at the library last Sunday.

□ (3) I (was / were) not tired. My brother (was / were) tired.

□ (4) Tom and I (was / were) (not / ×) at the mountain. We (was / were) at the sea.

□ (5) (Is / Was / Were) your sister in America last year?

□ (6) (Are / Was / Were) you in the park yesterday?
　　　— Yes, I (am / was / were).
　　　— No, I (am not / wasn't / weren't).

② 過去進行形

次の英文の（　　）内の正しいものを○で囲みなさい。

□ (1) The students (are / were) (walk / walking / walked) to the exit then.

□ (2) I (am / was) (make / making / made) dinner last night.

□ (3) Taro (was / were) not (eats / ate / eating) lunch then.

□ (4) My brothers (was / were) not (study / studying / studied) last night.

□ (5) Our mother (was / were) not (goes / went / going) to the shop then.

□ (6) (Was / Were) she (play / plays / playing) the piano then?

□ (7) What (was / were) you (do / did / doing) this morning?
　　　— I (was / were) (practice / practiced / practicing) soccer in the park.

答 ① (1) was (2) were (3) was, was (4) were, not, were
　　 (5) Was (6) Were, was, wasn't
　 ② (1) were, walking (2) was, making (3) was, eating (4) were, studying
　　 (5) was, going (6) Was, playing (7) were, doing, was, practicing

1 〈be 動詞の使い分け〉

次の文の___に適当な be 動詞（is, am, are, was, were）を入れなさい。

(1) He _____ a student last year.

(2) My parents _____ in Tokyo yesterday, but they _____ in Kyoto now.

(3) Let's go out. The sun _____ shining.

(4) A : _____ your brother busy yesterday?

　　 B : No. He finished his work last week.

(5) A : Where _____ you, Kate?

　　 B : I was in the library.

2 〈be 動詞の過去の疑問文〉

次の文を___に適当な 1 語を入れて，疑問文に書きかえなさい。

(1) Junko was in Sapporo yesterday.

　→ _____ _____ in Sapporo yesterday?

(2) You were a famous artist then.

　→ _____ _____ a famous artist then?

(3) Jiro was kind to everyone.

　→ _____ _____ kind to everyone?

(4) They were busy last week.

　→ _____ _____ busy last week?

3 〈be 動詞の過去の否定文〉 ●重要

次の文に（　　）内の語句を加えて，過去の文にしなさい。

(1) I'm not in Kumamoto. (last Friday)

_____

(2) Makoto isn't a student. (two years ago)

_____

(3) We aren't at home. (yesterday)

_____

4 〈過去進行形の形〉
次の文の（　　）から適当な語を選び，○で囲みなさい。

(1) He (was / were) playing tennis at that time.

(2) (Was / Were) you (wash / washing) your dog?

(3) Jim and Mary (was / were) (have / having) breakfast.

(4) We (was / were) not (met / meeting) our grandparents.

5 〈過去進行形の文①〉 ⚫➡重要
次の日本文の意味を表すように，＿＿＿に適当な1語を入れなさい。

(1) 彼はそのとき兄と遊んでいませんでした。

He ＿＿＿＿＿＿＿ ＿＿＿＿＿＿＿ with his brother then.

(2) ケンとユミは歌っていましたか。―はい，歌っていました。

＿＿＿＿＿＿＿ Ken and Yumi ＿＿＿＿＿＿＿? — Yes, ＿＿＿＿＿＿＿ ＿＿＿＿＿＿＿.

(3) アヤは音楽を聞いていましたか。―いいえ，聞いていませんでした。

＿＿＿＿＿＿＿ Aya ＿＿＿＿＿＿＿ to music? — No, ＿＿＿＿＿＿＿ ＿＿＿＿＿＿＿.

6 〈過去進行形の文②〉
次の日本文の意味を表すように，（　　）内の語を並べかえなさい。

(1) 私たちの先生は英語の本を読んでいました。

(book / an / our / reading / English / teacher / was).

＿＿＿＿＿＿＿＿＿＿＿＿＿＿＿＿＿＿＿＿＿＿＿＿＿＿＿

(2) 彼らは何の映画を見ていたのですか。(they / what / watching / were / movie)?

＿＿＿＿＿＿＿＿＿＿＿＿＿＿＿＿＿＿＿＿＿＿＿＿＿＿＿

(3) 彼は部屋をそうじしていませんでした。(not / was / room / he / cleaning / the).

＿＿＿＿＿＿＿＿＿＿＿＿＿＿＿＿＿＿＿＿＿＿＿＿＿＿＿

ヒント

1 is, am の過去形は was，are の過去形は were。
➡ parent[pé(ə)rənt ペ(ア)レント] 親　shine[ʃáin シャイン] かがやく　busy[bízi ビズィ] 忙しい
2 疑問文は be 動詞が主語の前に出る。
➡ famous[féiməs フェイマス] 有名な　kind[káind カインド] 親切な
everyone[évriwʌn エヴリワン] だれも，みんな
3 短縮形は使っても使わなくてもよい。
4 (3) Jim and Mary は複数の主語である。
➡ grandparent[grǽn(d)pe(ə)rənt グラン(ドゥ)ペ(ア)レント] 祖父，祖母
5 (2)(3) 進行形の疑問文には，be 動詞を使って答える。
6 (2) 疑問詞は文のはじめに置く。
➡ clean[klíːn クリーン] ～をそうじする

1 次の文の（　　）内の動詞を適当な形にかえなさい。

(1) What was Ken (listen) to last week?

_____

(2) Bob's brother was (swim) in the river.

_____

(3) The dog was (lie) near the bed.

_____

2 差がつく
次の日本文の意味を表すように，（　　）内の語を並べかえなさい。

(1) あなたとあなたの弟は昨日家にいましたか。

(and / yesterday / your / home / you / were / at / brother)?

_____

(2) 私たちは昨年同じクラスではありませんでした。

(not / class / we / year / were / in / same / the / last).

_____

(3) どのくらい彼は病気で寝ていましたか。

(sick / was / in / how / he / long / bed)?

_____

(4) あなたは先週何を探していましたか。

(last / looking / what / week / were / for / you)?

_____

3 次の英文を，疑問文と否定文に書きかえなさい。

(1) Her grandmother was in the kitchen yesterday.

疑問文 _____

否定文 _____

(2) You and your sister were helping Kate.

疑問文 _____

否定文 _____

(3) That book was interesting.

疑問文 _____

否定文 _____

4 ⚠ ミス注意

次の英文の＿＿に適当な1語を入れて，対話文を完成しなさい。

(1) A： ＿＿＿＿＿＿＿＿＿＿ Alex in Hakone last Sunday?

　　 B： No, he ＿＿＿＿＿＿＿＿＿＿. He ＿＿＿＿＿＿＿＿＿＿ in Tokyo.

(2) A： You ＿＿＿＿＿＿＿＿＿＿ usually at the park with your dog on Wednesday, but you ＿＿＿＿＿＿＿＿＿＿ there last Wednesday. Where ＿＿＿＿＿＿＿＿＿＿ you?

　　 B： Last Wednesday? ... Oh, I ＿＿＿＿＿＿＿＿＿＿ sick. My mother ＿＿＿＿＿＿＿＿＿＿ to the park with the dog.

(3) A： What ＿＿＿＿＿＿＿＿＿＿ your uncle doing then?

　　 B： He ＿＿＿＿＿＿＿＿＿＿ painting the wall.

5 🏠 差がつく

次の絵に合うように，＿＿に適当な1語を入れて英文を完成しなさい。

Taro and his brother ① ＿＿＿＿＿＿＿＿＿＿ at the park yesterday. When I went there, they were ② ＿＿＿＿＿＿＿＿＿＿ under the tree and ③ ＿＿＿＿＿＿＿＿＿＿ lunch with Mary.

6 次の日本文を英語になおしなさい。

(1) 彼らは庭でダンスをしていました。

＿＿＿＿＿＿＿＿＿＿＿＿＿＿＿＿＿＿＿＿＿＿＿＿＿＿＿＿＿＿＿＿＿＿＿＿＿＿

(2) この前の火曜日，あなたのお父さんはどこにいましたか。

＿＿＿＿＿＿＿＿＿＿＿＿＿＿＿＿＿＿＿＿＿＿＿＿＿＿＿＿＿＿＿＿＿＿＿＿＿＿

(3) あなたはそのとき部屋にいませんでした。

＿＿＿＿＿＿＿＿＿＿＿＿＿＿＿＿＿＿＿＿＿＿＿＿＿＿＿＿＿＿＿＿＿＿＿＿＿＿

1 次の文の（　　）内から適当な語を選びなさい。　　　　　　　　　　　　〈2点×5〉

(1) Everyone (do / does / are / is) singing a song.

(2) Mari (is / was / were) in New Zealand last month.

(3) Tom and I (are / am / was / were) students at New York University three years ago.

(4) They (didn't / aren't / wasn't) go to school yesterday.

(5) Where (were / does / did) your aunt live two years ago?

(1)		(2)		(3)	
(4)		(5)			

2 次の日本文の意味を表すように，＿＿に適当な1語を入れなさい。　　　　〈2点×3〉

(1) 彼はオーストラリアの友だちに手紙を書きました。

He ＿＿＿＿＿＿＿＿ ＿＿＿＿＿＿＿＿ his friend in Australia.

(2) アンは昨日の午後，お姉さんといっしょにコーヒーを飲んでいました。

Ann ＿＿＿＿＿＿＿＿ ＿＿＿＿＿＿＿＿ coffee with her sister yesterday afternoon.

(3) 彼らは今，山を登っています。

They ＿＿＿＿＿＿＿＿ ＿＿＿＿＿＿＿＿ the mountain now.

(1)		
(2)		
(3)		

3 次の対話文が成り立つように，（　　）内から適当な語句を選び，記号で答えなさい。　〈3点×2〉

(1) A : (ア　What　イ　When　ウ　Where　エ　How) was your summer vacation?

　　B : It was great. I went camping with my family in Nagano.

(2) A : Where did you go yesterday?

　　B : (ア　About three　イ　To meet Kate　ウ　On foot　エ　To the river).

(1)		(2)	

4 絵の内容から考えて，英文の＿＿に当てはまる適切な英語1語を書きなさい。ただし，はじめの文字が示されているものはその文字で書き始めること。 〈2点×3〉

(1) Takashi is *s*＿＿＿＿＿ in the sea with his friends.

(2) Beth and Lucy ＿＿＿＿＿ *p*＿＿＿＿＿ the guitar now.

(3) He ＿＿＿＿＿ *m*＿＿＿＿＿ a pie with his sister last night.

(1)		(2)	
(3)			

5 次の日本文の意味を表すように，（　　　）内の語を並べかえなさい。ただし，下線部の語は適切な形になおすこと。 〈3点×4〉

(1) あなたは昨日そこでどれくらいの数の鳥を見ましたか。

(there / many / see / you / how / birds / <u>do</u>) yesterday?

(2) ナオコとユミは，昨日大阪から来ました。

Naoko (and / from / <u>come</u> / Osaka / Yumi) yesterday.

(3) 今朝，バスの中で昔からの友だちに会いました。

I (mine / <u>meet</u> / on / friend / the / old / bus / an / of) this morning.

(4) キムラさんは娘に新しい服を買ってあげました。

Ms. Kimura (a / her / <u>buy</u> / dress / daughter / new / for).

(1)	
(2)	
(3)	
(4)	

6 次の英文を（　）内の指示にしたがって書きかえなさい。　〈3点×5〉

(1) I am a doctor at this hospital. （下線部を Mark and I にかえて）

(2) Mr. Brown uses that dictionary every day. （疑問文に）

(3) My aunt is 160 centimeters tall. （下線部を中心にたずねる文に）

(4) We are playing tennis. （下線部を He にかえ，yesterday を入れて）

(5) I wasn't watching a movie last night. （「今，見ているところだ」という文に）

(1)	
(2)	
(3)	
(4)	
(5)	

7 次の文の下線部を中心にたずねる疑問文を書きなさい。　〈4点×3〉

(1) She was reading a book.

(2) Jim came to school by bus.

(3) I ate some cake with John last week.

(1)	
(2)	
(3)	

8 次の英文を日本語になおしなさい。　〈3点×3〉

(1) I was running with my father yesterday morning.

(2) Kate wasn't in the classroom this morning.

(3) Were you using this computer?

(1)	
(2)	
(3)	

9 次の日本文の下線部(1)，(2)を英語になおしなさい。　〈4点×2〉

　　A：きれいな写真ね，これ。

　　B：(1)父さんがカナダでとったものだよ。

　　A：そうなの。(2)あなたのお父さんはよく海外に行くの？

　　B：時々，仕事でね。いつもカメラを持って行ってるよ。

(1)	
(2)	

10 次の英文を読んで，あとの問いに答えなさい。　〈(1)・(2)・(3)3点×4，(4)4点〉

Kazu：① ＿＿＿＿＿＿ ＿＿＿＿＿ you do last Sunday?

Maki：I went to the zoo with my sister.

Kazu：② ＿＿＿＿＿ did you like it?

Maki：It was great fun!　I like bears.　③ How about your weekend?

Kazu：Well, I was reading a book in my room.　Then, my brother ④ (take)
　　　　me to the movies.

Maki：That's nice!　⑤ 私も土曜日に映画を見に行きました。

(1) ①②の ＿＿＿ に適当な1語を入れなさい。

(2) 下線部③を日本語になおしなさい。

(3) ④を適当な形にしなさい。

(4) 下線部⑤を英語になおしなさい。

(1)	①		②	
(2)				
(3)				
(4)				

5 未来を表す文

① be going to を使った未来の文

☐ 〈be going to＋動詞の原形〉

「〜だろう」「〜するつもりだ」という未来は，〈be 動詞＋going to＋動詞の原形〉

の形で表す。be 動詞は，主語によって is，am，are を使い分ける。

| 現在の文 | He plays tennis. （彼はテニスをします） |

| 未来の文 | He **is going to** play tennis. （彼はテニスをするつもりです） |

動詞の原形の前に置く

② be going to の否定文・疑問文

☐ **be going to の否定文＝be 動詞のあとに not を入れる。**

Yumi **is not going to** go to the library. （ユミは図書館へ行かないつもりです）

☐ **be going to の疑問文＝be 動詞を主語の前に出す。**

答えるときも be 動詞を使う。

Are you **going to** study this evening? （あなたは今晩，勉強するつもりですか）

— Yes, I **am**. （はい，するつもりです）/ No, I'm **not**. （いいえ，するつもりではありません）

③ will を使った未来の文

☐ 〈will＋動詞の原形〉

未来は〈will＋動詞の原形〉で表すこともできる。

They **will** play soccer tomorrow. （彼らは明日サッカーをするでしょう）

④ will の否定文・疑問文

☐ **否定文＝〈will not＋動詞の原形〉**

否定文は **will** のあとに **not** を置く。will not は短縮形の **won't** も使われる。

Ken **will not** come here. （ケンはここへ来ないでしょう）

I **won't** change my plan. （私は計画をかえるつもりはありません）

☐ **疑問文＝〈Will＋主語＋動詞の原形〜?〉**

疑問文は **will** を主語の前に出す。答えるときも **will** を使う。

Will he go out tomorrow? （彼は明日外出しますか）

— Yes, he **will**. （はい，します）/ No, he **will not**[**won't**]. （いいえ，しません）

● 「～だろう」や「～するつもりだ」という未来は，〈be going to＋動詞の原形〉または〈will＋動詞の原形〉の形で表す。

● tomorrow，next ～など未来を表す語句を覚えよう。

ポイント 一問一答

① be going to を使った未来の文

次の英文の（　　）内の正しいものを〇で囲みなさい。

□(1) We (am / are) going to (play / plays / playing) soccer this afternoon.

□(2) I (am / is) going to (walk / walks / walking) to the park.

② be going to の否定文・疑問文

次の英文の（　　）内の正しいものを〇で囲みなさい。

□(1) My father (is not / not is) going to (buy / buys / buying) that car.

□(2) (Is / Are) you going to (visit / visits / visiting) Hokkaido next month?
　　 — Yes, I (am / is / are).

□(3) (Is / Are) Bill going to (use / uses / using) the computer tomorrow?
　　 — No, he (am / is / are) not.

③ will を使った未来の文

次の英文の（　　）内の正しいものを〇で囲みなさい。

□(1) She (is / will / was) be thirteen next month.

□(2) I (am / will / was) read a book this evening.

□(3) Bob (is / will / was) play with you tomorrow.

④ will の否定文・疑問文

次の英文の（　　）内の正しいものを〇で囲みなさい。

□(1) We (were not / will not) do the test next Monday.

□(2) He (wasn't / won't) go to the party next month.

□(3) (Is / Will / Was) he eat dinner with us tomorrow?

□(4) (Is / Will / Was) Mary play the guitar at the school festival?
　　 — No, she (is / will / was) not.

- -

答　① (1) are, play　(2) am, walk

② (1) is not, buy　(2) Are, visit, am　(3) Is, use, is

③ (1) will　(2) will　(3) will

④ (1) will not　(2) won't　(3) Will　(4) Will, will

1 〈be going to の文〉

次の文を，be going to を使って未来の文に書きかえるとき，____ に適当な１語を入れなさい。

(1) I play soccer.

→ I ＿＿＿＿＿＿ ＿＿＿＿＿＿ ＿＿＿＿＿＿ play soccer this afternoon.

(2) Do you do your homework?

→ ＿＿＿＿＿＿ you ＿＿＿＿＿＿ ＿＿＿＿＿＿ do your homework?

(3) He doesn't read novels.

→ He ＿＿＿＿＿＿ ＿＿＿＿＿＿ ＿＿＿＿＿＿ ＿＿＿＿＿＿ read novels.

2 〈will の文〉 🔴重要

次の文に（　　）内の語句を加え，will を使って書きかえるとき，____ に適当な１語を入れなさい。

(1) Mr. Brown isn't busy. (tomorrow)

→ Mr. Brown ＿＿＿＿＿＿ be busy tomorrow.

(2) He gets up at seven. (next week)

→ He ＿＿＿＿＿＿ ＿＿＿＿＿＿ up at seven next week.

(3) When do they come home? (tomorrow)

→ ＿＿＿＿＿＿ ＿＿＿＿＿＿ they ＿＿＿＿＿＿ home tomorrow?

3 〈疑問文・否定文〉

次の文を（　　）内の指示にしたがって書きかえなさい。

(1) Tom is going to study abroad. （疑問文にして Yes で答える）

＿＿＿＿＿＿＿＿＿＿＿＿＿＿＿＿＿＿＿＿＿＿＿＿＿＿＿＿＿＿＿＿＿

Yes, ＿＿＿＿＿＿＿＿＿＿＿＿＿＿＿＿＿＿＿＿＿＿＿＿＿＿＿＿＿ .

(2) I'm going to visit Australia. （否定文に）

＿＿＿＿＿＿＿＿＿＿＿＿＿＿＿＿＿＿＿＿＿＿＿＿＿＿＿＿＿＿＿＿＿

(3) Lisa will buy some food tomorrow. （疑問文にして No で答える）

＿＿＿＿＿＿＿＿＿＿＿＿＿＿＿＿＿＿＿＿＿＿＿＿＿＿＿＿＿＿＿＿＿

No, ＿＿＿＿＿＿＿＿＿＿＿＿＿＿＿＿＿＿＿＿＿＿＿＿＿＿＿＿＿＿ .

4 〈答え方〉
次の文に対する答えの文として適するものを，下のア〜オから１つずつ選び，記号で答えなさい。

(1) Will your mother go out this evening?　　　　　　　　　　　（　　　）

(2) Will you be back soon?　　　　　　　　　　　　　　　　　（　　　）

(3) What are you going to do?　　　　　　　　　　　　　　　（　　　）

(4) Is your brother going to go shopping?　　　　　　　　　　（　　　）

　　　ア　Yes, I will.　　　イ　No, I don't.　　　ウ　Yes, he is.
　　　エ　No, she won't.　　オ　I'm going to watch TV.

5 〈未来の文〉
次の日本文の意味を表すように，（　　）内の語を並べかえなさい。

(1) 次の日曜日，彼女の両親は北海道へ行くつもりです。

(Hokkaido / go / her / will / to / parents) next Sunday.

_____ next Sunday.

(2) 今日の午後，雪は降らないでしょう。(snow / not / is / to / going / it) this afternoon.

_____ this afternoon.

ヒント

1 be going to の be は，主語によって使い分ける。
　→ homework [hóumwəːrk ホウムワ〜ク] 宿題
2 (1) will not とすると空所が不足する。
3 (1) be 動詞で答える。(3) will で答える。
　→ abroad [əbrɔ́ːd アブロード] 外国へ〔に〕　visit [vízit ヴィズィト] 〜を訪問する
4 → go out 外出する　go shopping 買い物に行く
5 (2) 天候を表す文の主語は it を使う。
　→ snow [snóu スノウ] 雪が降る

1 次の文の（　　）内から適当な語句を選び，〇で囲みなさい。

(1) Bob and his friend (was / am / is / are) going to play basketball in the gym this afternoon.

(2) My brother is going to (sings / singing / sing) that song at the party next month.

(3) We're (not going / going not / won't going) to go to Okinawa next week.

(4) Is your father (will / going / can / doesn't) to go to Osaka tomorrow?
— Yes, he is.

2 次の日本文の意味を表すように，＿＿に適当な1語を入れなさい。

(1) 明日は晴れないでしょう。

It ＿＿＿＿＿＿ ＿＿＿＿＿＿ fine tomorrow.

(2) あなたはどこでお昼を食べるつもりですか。

＿＿＿＿＿＿ ＿＿＿＿＿＿ you ＿＿＿＿＿＿ to eat your lunch?

(3) あなたはいつカナダに出発するつもりですか。

＿＿＿＿＿＿ ＿＿＿＿＿＿ you start for Canada?

(4) 私は次の土曜日に私の部屋をそうじするつもりです。

＿＿＿＿＿＿ ＿＿＿＿＿＿ clean my room next Saturday.

(5) 私たちは明日エベレスト山に登るつもりはありません。

We're ＿＿＿＿＿＿ ＿＿＿＿＿＿ to climb Mt. Everest tomorrow.

3 次の日本文の意味を表すように，（　　）内の語句を並べかえなさい。ただし，1語不足する語があるので補いなさい。

(1) あなたはどれくらいロンドンに滞在するつもりですか。

(are / how / stay / long / to / you) in London?

＿＿＿＿＿＿＿＿＿＿＿＿＿＿＿＿＿＿＿＿＿＿＿＿ in London?

(2) あなたはトムに何を買うつもりですか。

(going / you / are / to / buy / Tom / for)?

＿＿＿＿＿＿＿＿＿＿＿＿＿＿＿＿＿＿＿＿＿＿＿＿

(3) 私の父が私たちをおじの家に連れて行きます。

My father (us / take / my uncle's house / to).

My father _____ .

(4) いつパリを訪れるつもりですか。

(you / visit / going / when / to) Paris?

_____ Paris?

4 **●重要**
時制に注意して，（　　）内の動詞を適当な形になおしなさい。ただし1語とはかぎりません。

(1) Yumiko (study) English every day.　_____

(2) It (rain) tomorrow.　_____

(3) My father (get) well soon.　_____

(4) They (visit) Aomori next summer.　_____

(5) We (go) to the museum last week.　_____

5 次の文を（　　）内の指示にしたがって書きかえるとき，____に適当な1語を入れなさい。

(1) Takashi goes fishing. (tomorrow を加えて)

Takashi _____ _____ to _____ fishing tomorrow.

(2) Roy is going to stay there for a week. (下線部を中心にたずねる文に)

_____ long _____ Roy _____ to stay there?

(3) We didn't go to the library last Monday. (下線部を next Sunday にかえて)

We _____ _____ to the library _____ _____ .

6 与えられた語を使って，次の日本文を英語になおしなさい。

(1) あなたは明日の夕食に何をつくるつもりですか。(going)

_____

(2) だれが今日の午後ピアノを弾きますか。(will)

_____

(3) 私は来週この車を売るつもりです。(will)

_____

(4) ボブは明日映画に行かないつもりです。(going)

_____

6 助動詞(1) can, may, must

重要ポイント

① can

☐ **〈can＋動詞の原形〉＝「～できる」「～してもよい」**

「～することができる」「～してもよい」は，〈can＋動詞の原形〉で表す。疑問文は **can** を主語の前に出し，答えるときも **can** を使う。否定文は **cannot[can't]** を使う。過去形「～できた」は〈could＋動詞の原形〉で表す。

一般動詞の文	Yumi cooks well. （ユミはじょうずに料理します）
can の文	Yumi **can** cook well. （ユミはじょうずに料理できます）

└─ 助動詞のうしろの動詞はいつも原形

疑問文	**Can** you play the guitar? （あなたはギターが演奏できますか）
	— Yes, I **can**. （はい，演奏できます） / No, I **can't**. （いいえ，演奏できません）
否定文	You **cannot** play soccer here. （ここでサッカーをすることができません）

・can は **be able to** でいいかえられる。

② may

☐ **〈may＋動詞の原形〉＝「～してもよい」「～かもしれない」**

「～してもよいか」と許可を求めるときは，**May I[we] ～?** の形にする。

May I go with you? （あなたといっしょに行ってもいいですか）

— Yes, you **may**. （はい，いいですよ） / No, you **may not**. （いいえ，いけません）

└─ 答えにも may を使う

③ must

☐ **〈must＋動詞の原形〉＝「～しなければならない」「～にちがいない」**

「～しなければならない」「～にちがいない」は，〈must＋動詞の原形〉で表す。否定文は **must not[mustn't]** で「～してはいけない」という意味。

Must I stay home? （家にいなければなりませんか）

— Yes, you **must**. （はい，そうです） ┌─ 答えにも must を使う

☐ **〈have to＋動詞の原形〉＝「～しなければならない」**

must は〈**have[has] to**＋動詞の原形〉でいいかえられる。過去形は had to で「～しなければならなかった」という意味。否定文は **don't[doesn't] have to** を使い，「～しなくてもよい」という意味。

Ken **had to** stay home. （ケンは家にいなければなりませんでした）

テストでは **ココ**が ねらわれる

● can の未来の形「〜できるだろう」は will be able to, 過去形「〜できた」は could で表す。
● may は「〜してもよい」と「〜かもしれない」の意味。
● 「〜しなければならない」は must か have to で表す。否定文の意味のちがいに注意。

ポイント 一問一答

① can

次の英文の（　　）内の正しいものを○で囲みなさい。

□(1) ここで昼食を食べてもよい。

　　　You (will / have to / can) eat your lunch here.

□(2) 昨日の夜は月を見ることができましたか。

　　　(May / Could / Can) you see the moon last night?

□(3) 将来英語が話せるだろう。

　　　You will (can / be able to / have to) speak English in the future.

② may

次の英文の（　　）内の正しいものを○で囲みなさい。

□(1) 明日映画に行ってもいいですか。

　　　(Do / Must / May) I go to the movies tomorrow?

　　　はい，いいですよ。— Yes, you (do / may / are).

□(2) 今日の午後は雨が降るかもしれない。

　　　It (may / must / has to) rain this afternoon.

③ must

次の英文の（　　）内の正しいものを○で囲みなさい。

□(1) 早く起きなくてはなりません。

　　　You (can / may / must) get up early.

□(2) 私は今日は勉強しなくてもよい。

　　　I don't (must / may / have to) study today.

□(3) そこに行ってはいけません。

　　　You (won't / mustn't / don't) go there.

□(4) 私は友だちと会わなければなりませんでした。

　　　I (must / could / had to) meet my friend.

答 ① (1) can (2) Could (3) be able to　② (1) May, may (2) may
③ (1) must (2) have to (3) mustn't (4) had to

1 〈いろいろな助動詞〉
次の文の（　　）内から適当な語を選び，○で囲みなさい。

(1) 彼はお父さんの手伝いをしなければなりません。

He (may / must / can) help his father.

(2) ユミはこの質問に答えることができます。

Yumi (may / have to / can) answer this question.

(3) あなたのペンを借りてもいいですか。—はい，どうぞ。

(Must / Will / May) I borrow your pen?

— Yes, please.

(4) 今テレビを見てはいけません。

You (will / must / have to) not watch TV now.

2 〈助動詞の使い方〉
次の日本文の意味を表すように，＿＿に適当な1語を入れなさい。

(1) 彼女はバイオリンを弾くことができます。

She ＿＿＿＿＿＿＿ play the violin.

(2) 彼はボブのお兄さんかもしれない。

He ＿＿＿＿＿＿＿ be Bob's brother.

(3) あなたは今日レポートを書かなければなりません。

You ＿＿＿＿＿＿＿ write your report today.

3 〈助動詞の書きかえ〉 重要
次の各組の2文がほぼ同じ内容を表すように，＿＿に適当な1語を入れなさい。

(1) I can swim well.

I am ＿＿＿＿＿＿＿ ＿＿＿＿＿＿＿ swim well.

(2) Mike must get up early.

Mike ＿＿＿＿＿＿＿ ＿＿＿＿＿＿＿ get up early.

(3) We must read many books.

We ＿＿＿＿＿＿＿ ＿＿＿＿＿＿＿ read many books.

(4) May I ask a question?

＿＿＿＿＿＿＿ I ask a question?

4 〈疑問文と答え方〉
次の問いに対する答えを下のア〜キから選び，記号で答えなさい。

(1) Is he going to buy a camera? （　　）

(2) Can he play basketball well? （　　）

(3) Must I get to the station by seven? （　　）

(4) Does he have to study hard? （　　）

(5) May I open the door? （　　）

　ア　No, he isn't.　　イ　Yes, he does.　　ウ　Yes, he can.　　エ　No, he may not.

　オ　Yes, you may.　カ　Yes, you are.　キ　No, you don't have to.

5 〈過去・未来の文への書きかえ〉 🔊重要
次の文を（　　）内の語を加えて書きかえるとき，＿＿に適当な1語を入れなさい。

(1) He cannot read the book. (tomorrow)

　He ＿＿＿＿＿＿＿ be ＿＿＿＿＿＿＿ to read the book tomorrow.

(2) Kate must help her father. (yesterday)

　Kate ＿＿＿＿＿＿＿ ＿＿＿＿＿＿＿ help her father yesterday.

(3) We must wait at John's house till ten. (tomorrow)

　We ＿＿＿＿＿＿＿ ＿＿＿＿＿＿＿ to wait at John's house till ten tomorrow.

6 〈助動詞の使い方〉 ⚠️ミス注意
次の英文の日本語の意味を完成しなさい。

(1) He doesn't have to practice the piano.

　彼はピアノを（　　　　　　　　　　　　　　　　　　　　　　　　　）。

(2) She could not speak Chinese.

　（　　　　　　　　　　　　　　　　　　　　　　　　　　　　　　　）

💡ヒント

① (1)は義務，(2)は能力，(3)は許可の疑問文，(4)は禁止（許可の否定形）を表している。
　➡ answer[ǽnsər アンサァ] 〜に答える　question[kwéstʃən クウェスチョン] 質問

② 助動詞は主語が何であっても形はかわらない。
　➡ report[ripɔ́ːrt リポート] レポート，報告書

③ (1)は「〜できる」，(2)(3)は「〜しなければならない」，(4)は「〜してもよい」の文。

④ 助動詞の問いには，ふつう同じ助動詞を使って答えるが，(3)は must not と答えると「〜してはいけない」となることに注意。
　➡ by[bái バイ] 〜までに

⑤ (1) can の未来の形は will be able to を使って表す。(2)(3) must には過去形・未来の形はない。
　➡ wait[wéit ウェイト] 待つ　till[tíl ティル] 〜まで

⑥ (2) could は can の過去の形。

1 次の文の（　　）内から適当な語を選び，〇で囲みなさい。

⑴ Maki must (write / writes / wrote / writing) a report in English.

⑵ You may go now, but you (have / can / may / must) come back before seven.

⑶ (Must / Do / May / Can) I wash the dishes? — No, you don't have to.

⑷ (Can / Do / Am / May) she open the window? — Yes, she can.

⑸ (Must / Do / Does) you have to cook dinner? — No, I don't.

2 🔑重要
次の日本文の意味を表すように，＿＿＿に適当な１語を入れなさい。

⑴ いっしょに話をしてもいいですか。

＿＿＿＿＿＿ ＿＿＿＿＿＿ talk with you?

⑵ この部屋で音楽を聞いてはいけません。

You ＿＿＿＿＿＿ listen to music in this room.

⑶ 私の姉は今日の午後，図書館に行くかもしれません。

My sister ＿＿＿＿＿＿ ＿＿＿＿＿＿ to the library this afternoon.

⑷ 明日，映画を見に行けますか？—いいえ，行けません。

Will you ＿＿＿＿＿＿ ＿＿＿＿＿＿ to go to the movies tomorrow?

— No, I won't.

3 次の（　　）内の語句を並べかえて，意味の通る英文をつくりなさい。

⑴ My uncle (here / may / by / come / three / not).

My uncle ＿＿＿＿＿＿＿＿＿＿＿＿＿＿＿＿＿＿＿＿＿.

⑵ We (tomorrow / up / have / early / get / don't / to).

We ＿＿＿＿＿＿＿＿＿＿＿＿＿＿＿＿＿＿＿＿＿.

⑶ (ski / able / will / she / to / be)?

＿＿＿＿＿＿＿＿＿＿＿＿＿＿＿＿＿＿＿＿＿

⑷ I (last week / see / to / have / a doctor / didn't).

I ＿＿＿＿＿＿＿＿＿＿＿＿＿＿＿＿＿＿＿＿＿.

⑸ (be / an / teacher / must / that woman / English).

＿＿＿＿＿＿＿＿＿＿＿＿＿＿＿＿＿＿＿＿＿

4 次の各組の2文がほぼ同じ内容を表すように，＿＿に適当な1語を入れなさい。

(1) Mr. Davis must call her now.

Mr. Davis ＿＿＿＿＿＿ ＿＿＿＿＿＿ call her now.

(2) Don't eat that apple.

You ＿＿＿＿＿＿ ＿＿＿＿＿＿ eat that apple.

5 🔑重要

次の文を（　）内の指示にしたがって書きかえなさい。

(1) I can't run very fast. (will を使って未来を表す文に)

＿＿＿＿＿＿＿＿＿＿＿＿＿＿＿＿＿＿＿＿＿＿＿＿＿＿＿＿＿＿

(2) I could do almost everything. (could を別の表現にして，ほぼ同じ意味の文)

＿＿＿＿＿＿＿＿＿＿＿＿＿＿＿＿＿＿＿＿＿＿＿＿＿＿＿＿＿＿

(3) You must not make loud noise here. (ほぼ同じ意味の命令文に)

＿＿＿＿＿＿＿＿＿＿＿＿＿＿＿＿＿＿＿＿＿＿＿＿＿＿＿＿＿＿

(4) They had to cut down that old tree. (否定文に)

＿＿＿＿＿＿＿＿＿＿＿＿＿＿＿＿＿＿＿＿＿＿＿＿＿＿＿＿＿＿

(5) David must finish his homework. (last night を加えて)

＿＿＿＿＿＿＿＿＿＿＿＿＿＿＿＿＿＿＿＿＿＿＿＿＿＿＿＿＿＿

6 🏠差がつく

次の(1)～(3)は日本文を英語になおし，(4)は英語で表しなさい。

(1) 私たちは今夜，*満月を見ることができます。　　　　　　　　　*満月　full moon

＿＿＿＿＿＿＿＿＿＿＿＿＿＿＿＿＿＿＿＿＿＿＿＿＿＿＿＿＿＿

(2) あの女性はだれにでも親切にちがいない。

＿＿＿＿＿＿＿＿＿＿＿＿＿＿＿＿＿＿＿＿＿＿＿＿＿＿＿＿＿＿

(3) 私は*庭で父の手伝いをしなければなりません。　　　　　　　　*庭　yard

＿＿＿＿＿＿＿＿＿＿＿＿＿＿＿＿＿＿＿＿＿＿＿＿＿＿＿＿＿＿

(4) 相手の自転車を借りてもよいかとたずねる場合。

＿＿＿＿＿＿＿＿＿＿＿＿＿＿＿＿＿＿＿＿＿＿＿＿＿＿＿＿＿＿

実力アップ問題

1 次の文の（　　）内から適当な語句を選び，記号で答えなさい。　　　　　　　　　〈1点×4〉

(1) I am（ ア　won't　イ　must not　ウ　not going ）to read that book.

(2) They（ ア　will　イ　may　ウ　must　エ　have ）to go to the bank.

(3) My father will（ ア　is　イ　be　ウ　are ）forty-five next year.

(4) Ken must（ ア　comes　イ　coming　ウ　come　エ　came ）by three thirty.

(1)		(2)		(3)		(4)	

2 次の対話文が成り立つように，（　　）内から適当な語を選び，記号で答えなさい。　〈1点×4〉

(1) A :（ ア　Will　イ　May　ウ　Do ）you go on a picnic tomorrow?

　　B : Yes, we will.

(2) A :（ ア　Be　イ　Are　ウ　Is ）you going to play the piano?

　　B : No, I'm not.

(3) A :（ ア　Will　イ　Can　ウ　Must ）you carry this bag to my room?

　　B : Yes, I can.

(4) A :（ ア　Must　イ　Do　ウ　Have ）I come home by three?

　　B : No, you don't have to.

(1)		(2)		(3)		(4)	

3 次の日本文の意味を表すように，（　　）内の語句を並べかえなさい。答えは並べる順に記号で書きなさい。　　　　　　　　　　　　　　　　　　　　　　　　　　　　〈3点×3〉

(1) 子どもは早寝すべきだ。

　　Children（ ア　to　イ　to bed　ウ　have　エ　go ）early.

(2) 公園に散歩に行ってもよいですか。

　　（ ア　in　イ　I　ウ　for　エ　may　オ　a walk　カ　go ）the park?

(3) 私は先週の土曜日のパーティーに行くことができませんでした。

　　（ ア　I　イ　the　ウ　could　エ　go　オ　party　カ　to　キ　not ）last Saturday.

(1)	
(2)	
(3)	

4 次の日本文の意味を表すように，＿＿＿に適当な1語を入れなさい。 〈3点×2〉

(1) 彼らはこの重い箱を運ばなければならなかった。

They ＿＿＿＿＿＿ ＿＿＿＿＿＿ ＿＿＿＿＿＿ this heavy box.

(2) 私は次の日曜日に日光へ行く予定です。

I'm ＿＿＿＿＿＿ ＿＿＿＿＿＿ ＿＿＿＿＿＿ to Nikko next Sunday.

(1)			
(2)			

5 次の各組の2文がほぼ同じ内容を表すように，＿＿＿に適当な1語を入れなさい。 〈3点×4〉

(1) Must I write in English?

＿＿＿＿＿＿ I ＿＿＿＿＿＿ to write in English?

(2) I can lend my bike to you.

I ＿＿＿＿＿＿ ＿＿＿＿＿＿ to lend my bike to you.

(3) Don't run in the room.

You ＿＿＿＿＿＿ ＿＿＿＿＿＿ run in the room.

(4) He will watch the baseball game on TV.

He is ＿＿＿＿＿＿ ＿＿＿＿＿＿ watch the baseball game on TV.

(1)			(2)		
(3)			(4)		

6 次の文の下線部を中心にたずねる疑問文を書きなさい。 〈3点×3〉

(1) I can eat carrots.

(2) The train will leave at seven.

(3) Yes. You may go to the concert.

(1)	
(2)	
(3)	

7 次の対話文の（　　）内に入る最も適当な文を，それぞれ下のア～エから選び，記号で答えなさい。　　　　　　　　　　　　　　　　　　　　　　　　　　　　　　　　〈2点×4〉

(1) A : Hi, Tom. （　　　）

　　B : No. I have to hurry to the station.

　　ア　Where are you going?　　　　イ　Must I hurry?

　　ウ　Do you have time now?　　　エ　When will you go to the station?

(2) A : Is he going to talk about his country?

　　B : （　　　） He will talk about his family.

　　ア　Yes, he is.　　　　　　　　イ　Sure.

　　ウ　No, he isn't.　　　　　　　エ　All right.

(3) A : May I take a picture of this flower?

　　B : （　　　）

　　ア　Yes, you may.　　　　　　　イ　No, thank you.

　　ウ　Yes, you do.　　　　　　　 エ　I like it.

(4) A : I have to do a lot of work. （　　　）

　　B : Yes, I can.

　　ア　Do I help you?　　　　　　　イ　May I go home?

　　ウ　Must you help me?　　　　　エ　Can you help me?

(1)		(2)		(3)		(4)	

8 (1)～(3)は（　　）内の指示にしたがって英文を書きかえなさい。(4)(5)は英文を日本語になおしなさい。　　　　　　　　　　　　　　　　　　　　　　　　　　　　　　　　〈4点×5〉

(1) Jane studied Japanese. (tomorrow を加えて)

(2) You must play the piano after dinner. (「～しなくてよい」という文に)

(3) He cleans his room. (「～しなければならなかった」という文に)

(4) My mother has to make lunch for all of my family.

(5) Will she be able to play tennis after school?

(1)	
(2)	
(3)	
(4)	
(5)	

9 次のような場合，英語でどういうかを書きなさい。　　　　　　　　　　〈4点×4〉

(1) 相手の家族について質問してもよいかとたずねる場合。

(2) 相手に部屋で歌ってはいけないという場合。

(3) 自分が8月にオーストラリアに行く予定があるという場合。

(4) 相手に図書館では静かにしなければいけないという場合。

(1)	
(2)	
(3)	
(4)	

10 次の英文を読んで，あとの問いに答えなさい。　　　〈(1)3点×2，(2)4点，(3)2点〉

Susie : It's my birthday next Sunday.

Roy : Really? How old will you be?

Susie : I ①(ア old イ be ウ fourteen エ will オ years). My family is going to have a party for me. ㋐ _____ you come to the party?

Roy : Yes. I will get a nice present for you.

Susie : No, thank you. ②(ア have イ you ウ to エ don't オ do) so.

Roy : But...

Susie : Then, ③ _____ _____ ask you a favor? You can play the guitar well, right? ㋑ _____ you play it for me?

Roy : Of course, I can!

(1) ①②のア～オを正しい順序に並べかえ，並べる順に記号で書きなさい。

(2) ㋐㋑の ___ には共通する1語が入ります。その語を答えなさい。

(3) ③が「お願いがあるのですが」の意味を表すように， ___ に適当な1語を入れなさい。

(1)	①	
	②	
(2)		
(3)		

47

7 助動詞(2), There is [are] 〜. の文

重要ポイント

① would

☐ **Will you 〜?**「〜してもらえませんか」, **Would you 〜?**「〜していただけませんか」〔依頼・勧誘〕　**Will you** help me?（手伝ってくれませんか）

☐ **Would you like 〜?**「〜はいかがですか」

　　Would you like a cup of coffee?（コーヒーはいかがですか）

☐ 〈**would like to**＋動詞の原形〉「〜したいのですが」

　　I **would like to** see you.（お会いしたいのですが）

② should

☐ 〈**should**＋動詞の原形〉「〜すべきだ」「〜したほうがよい」

　　義務・助言を表す。否定文は **should not[shouldn't]**, 疑問文は **should** を主語の前に出し, 答えるときも **should** を使う。

　　You **should** take care of your brothers.（弟たちの世話をすべきです）

③ shall

☐ **Shall I 〜?**「〜しましょうか」　**Shall I** open the window?（窓を開けましょうか）

☐ **Shall we 〜?**「〜しましょう」〔勧誘・提案〕

　　Shall we play tennis?（テニスをしましょうか）

> Shall we 〜? は
> Let's 〜.（〜しよう）
> とほぼ同じ意味。

④ There is [are] 〜.

☐ **There is [are] 〜.**「〜がある, いる」

　　主語は「〜」の部分にきて, 単数のときは is, 複数のときは are を使う。主語のあとに場所を表す語句がくる。疑問文は **is[are]** を **there** の前に出し, 否定文は **is[are]** のあとに **not** を入れる。

　　普通の文　**There is** a pond in the park.（その公園には池があります）

　　疑問文　**Is there** a pond in the park?（その公園には池がありますか）

　　否定文　**There isn't** a pond in the park.（その公園には池がありません）

☐ 〈**How many**＋複数名詞＋**are there 〜?**〉「〜に〈名詞〉がいくつありますか」

　　数をたずねる文になる。

　　How many pens **are there** in the box?（その箱の中にペンが何本ありますか）

● Will [Would] you ～? は依頼・勧誘，Shall I ～? は提案・申し出，Shall we ～? は勧誘・提案を表す表現。会話表現でよく使われる。

● There is [are] ～. の文は，～の部分に入る名詞が単数か複数かで be 動詞を使い分ける。

ポイント 一問一答

① would

次の英文の（　　　）内の正しいものを○で囲みなさい。

□ (1) (Will / May / Must) you play the piano for me?

□ (2) (Are / Would / Shall) you make a cake for my birthday?

□ (3) (Are / Will / Would) you like another glass of water?

② should

次の英文の（　　　）内の正しいものを○で囲みなさい。

□ (1) (Would / Will / Should) I say sorry to him?

　　— Yes, you (may / will / should).

□ (2) Tom (isn't / hasn't / shouldn't) say such a thing to her.

③ shall

次の英文の（　　　）内の正しいものを○で囲みなさい。

□ (1) (Will / Let's / Shall) we go together?

□ (2) Shall (I / be / you) close the window?

④ There is [are] ～.

次の英文の（　　　）内の正しいものを○で囲みなさい。

□ (1) There (is / are) many stars in the sky.

□ (2) (Is / Are) there (a / the) book on the desk?

□ (3) How many (dog / dogs) are there in the park?

□ (4) There (isn't / aren't) any cats under the table.

□ (5) (Was / Were) there (a / the) boy at the door?

答
① (1) Will　(2) Would　(3) Would
② (1) Should, should　(2) shouldn't
③ (1) Shall　(2) I
④ (1) are　(2) Is, a　(3) dogs　(4) aren't　(5) Was, a

49

1 〈いろいろな助動詞〉

次の日本文の意味を表すように，＿＿に適当な1語を入れなさい。

(1) あなたのアルバムを私に見せてくれませんか。

＿＿＿＿＿＿＿＿＿ ＿＿＿＿＿＿＿＿＿ show your album to me?

(2) 昼食にレストランへ行きましょう。

＿＿＿＿＿＿＿＿＿ ＿＿＿＿＿＿＿＿＿ go to the restaurant for lunch?

(3) 学校にイヌを連れていくべきではありません。

You ＿＿＿＿＿＿＿＿＿ take your dog to school.

(4) ケーキをもう一切れいかがですか。

＿＿＿＿＿＿＿＿＿ ＿＿＿＿＿＿＿＿＿ ＿＿＿＿＿＿＿＿＿ another piece of cake?

(5) 今度の夏，海外へ行きたいのですが。

I ＿＿＿＿＿＿＿＿＿ ＿＿＿＿＿＿＿＿＿ to go abroad next summer.

2 〈There is [are] ～. の形と意味〉 ⚠ ミス注意

次の日本文の意味を表すように，＿＿に are，is のうち適当な語を入れなさい。

(1) 私の机の上にカメラが1台あります。

There ＿＿＿＿＿＿＿＿＿ a camera on my desk.

(2) テーブルの上に本が2冊あります。

There ＿＿＿＿＿＿＿＿＿ two books on the table.

(3) かごの中にたくさんリンゴが入っていますか。

＿＿＿＿＿＿＿＿＿ there many apples in the basket?

(4) 池にはたくさんの水があります。

There ＿＿＿＿＿＿＿＿＿ a lot of water in the pond.

3 〈There is [are] ～. の疑問文・否定文〉

次の文を（　　）内の指示にしたがって書きかえなさい。

(1) There is a girl near the door. (否定文に)

＿＿＿＿＿＿＿＿＿＿＿＿＿＿＿＿＿＿＿＿＿＿＿＿＿＿＿＿＿＿＿＿＿＿＿＿

(2) There are some flowers in the garden. (疑問文に)

＿＿＿＿＿＿＿＿＿＿＿＿＿＿＿＿＿＿＿＿＿＿＿＿＿＿＿＿＿＿＿＿＿＿＿＿

(3) There are five tigers in the zoo. (下線部を中心にたずねる文に)

＿＿＿＿＿＿＿＿＿＿＿＿＿＿＿＿＿＿＿＿＿＿＿＿＿＿＿＿＿ in the zoo?

4 〈There is [are] 〜. の書きかえ〉 🔴重要

次の各組の2文がほぼ同じ内容を表すように，＿＿に適当な1語を入れなさい。

(1) A year has twelve months.

There ＿＿＿＿＿＿ twelve months in a year.

(2) We have five classes on Thursday.

＿＿＿＿＿＿ ＿＿＿＿＿＿ five classes on Thursday.

(3) There are thirty-one days in January.

January ＿＿＿＿＿＿ thirty-one days.

(4) The town had a lot of snow last year.

There ＿＿＿＿＿＿ a lot of ＿＿＿＿＿＿ in the town last year.

5 〈Is [Are] there 〜? の答え方〉

次の問いの答えとして適当なものを選び，記号を○で囲みなさい。

(1) Is there a dog near the door?

　ア　Yes, it is. 　　　　　　イ　Yes, it does.

　ウ　Yes, there is. 　　　　　エ　Yes, there are.

(2) Are there any candies in your pocket?

　ア　No, it isn't. 　　　　　　イ　Yes, they don't.

　ウ　No, there don't. 　　　　エ　No, there aren't.

(3) How many magazines are there on the desk?

　ア　Yes, they are. 　　　　　イ　Yes, there are.

　ウ　There are three. 　　　　エ　They are three.

 ヒント

1 助動詞は主語が何であっても形はかわらない。(1)は依頼，(2)は提案・勧誘，(3)は義務，(4)は勧誘，(5)は「〜したいのですが」の意味を表している。

2 There is [are] 〜. の文では，主語は be 動詞のあとにくる。
➡ pond [pάɔnd パ〔ポ〕ンド] 池

3 (3) 数をたずねる文になる。
➡ zoo [zú: ズー] 動物園

4 have [has] 〜の文は，There is [are] 〜. で言いかえられることがある。

5 Is [Are] there 〜? の問いには，there を使って答える。
➡ magazine [mǽɡəzìːn マガズィーン，mæɡəzíːn マガズィーン] 雑誌

1 次の日本文の意味を表す英文になるように，____に適当な1語を入れなさい。

(1) 公園の近くに図書館がありますか。

_____ _____ a library near the park?

(2) 映画を見に行きましょうか。

_____ _____ go to the movies?

(3) あなたの教室には机はいくつありますか。

_____ _____ desks _____ there in your classroom?

(4) 海にはボートが1隻（せき）もありません。

There _____ _____ boats on the sea.

2 重要

次の英文の____に適当な1語を入れて，問答文を完成しなさい。

(1)　　 Mari：_____ _____ play the guitar for me?

　　Yumiko：All right. I _____ play it after dinner.

　　　 Mari：Thank you!

(2) Mr. Oka：How _____ rooms are there in your house?

　　Ms. Kato：Five. My room _____ on the second floor.

(3)　 Hideki：_____ _____ open the door for you?

　　　 Yuka：_____, please.

3 次の日本文の意味を表すように，（　　）内の語を並べかえなさい。

(1) 紅茶をもう1杯いかがですか。

(tea / cup / would / like / another / you / of)?

_____

(2) あなたの町には公園がありますか。

(in / any / town / parks / are / your / there)?

_____

(3) 壁（かべ）にきれいな絵画はありますか。

(pictures / any / on / there / beautiful / are) the wall?

_____ the wall?

(4)この近くに郵便局はありますか。

(post / is / around / office / here / there / a)?

_____

4 次の絵を見て，英文の____に適当な1語を入れなさい。

(1) There _____ a dog under the table.

(2) There _____ two chairs in the room.

(3) There is a picture _____ the wall.

(4) There is a vase _____ the TV.

5 ⚠ ミス注意

次の文を（　　）内の指示にしたがって書きかえなさい。

(1) There is a tree in front of the house.（下線部を some にかえて）

_____

(2) You should bring an umbrella to school today.（下線部を I にかえて疑問文に）

_____

(3) There were some earthquakes last month.（否定文に）

_____

6 🏠 差がつく

次の日本文を英語になおしなさい。

(1) 放課後，*買い物に行きましょうか。　　　　　　　　　　　　　　*買い物　shopping

_____

(2) テーブルの上にリンゴが5つあります。

_____

(3) 今晩8時に私の家へ来ていただけませんでしょうか。

_____

(4) あなたの学校に先生は何人いますか。

_____

(5) これらの花を彼女にあげてくれますか。

_____

8 いろいろな文の構造

重要ポイント

① look, become などの文の形

☐ **look＋形容詞**

> **look** はあとに形容詞を置き，「〜のようだ，〜に見える」の意味を表す。
>
> This cake **looks** delicious.
>
> （このケーキはおいしそうに見えます）

> 「〜のように見える」というときは，〈look like＋名詞〉の形で表す。
> She looks like a teacher.
> （彼女は先生のように見えます）

☐ **become＋名詞・形容詞**

> 「…は〜になる」は〈主語＋become＋名詞・形容詞〉の形で表す。
>
> She **became** a singer. （彼女は歌手になりました）
>   名詞
>
> He **became** famous. （彼は有名になりました）
>   形容詞

> 【この文の構造をとる，ほかの動詞の例】
> be 動詞（〜である），
> feel（〜と感じる）

☐ **get[grow]＋形容詞**

> **get**（〜になる），**grow**（〜になる）もあとに形容詞を置くことがある。
>
> My dog **grew** big. （私のイヌは大きくなりました）

② give, show などの文の形

☐ **〈主語＋動詞＋目的語＋目的語〉**

> **give**（与える），**show**（見せる），**buy**（買う），**teach**（教える）などの動詞は，あとに目的語を 2 つとることができる。
>
> She **showed** me her album. （彼女は私に自分のアルバムを見せてくれました）
>   目的語（…に）┘ └目的語（〜を）
>
> 2 つの目的語は〈人＋もの〉の順に並べる。〈もの＋to [for]＋人〉で表すこともできる。to を使うか for を使うかは動詞によって決まっている。
>
> I gave her a CD. （私は彼女に CD をあげた）
>
> → I gave a CD to her .

> 【〈もの＋to＋人〉になる，ほかの動詞の例】
> tell（〜に言う），send（〜に送る）
> 【〈もの＋for＋人〉になる動詞の例】
> make（〜をつくる），buy（〜を買う）

③ call, make などの文の形

☐ **〈主語＋動詞＋目的語＋補語〉**

> **call**（〜を…と呼ぶ），**make**（〜を…にする）はあとに目的語と補語を並べる。
>
> His parents **call** him Jun. （彼の両親は彼をジュンと呼んでいます）
>   目的語（〜を）┘ └補語（…と）

テストでは **ココ**が ねらわれる

● look, become などの動詞は，あとに補語をとる。
● give, show などの動詞は，あとに 2 つの目的語〈人＋もの〉をとることができる。
● call, make は，あとに〈目的語（〜を）＋補語（…と）〉をとることができる。

ポイント **一問一答**

① look, become などの文の形

次の英文の（　　　）内の正しいものを○で囲みなさい。

☐ (1) She (gave / looks / calls) happy.

☐ (2) Jack (looked / grew / became) an artist.

☐ (3) My brother (grew / named / sent) tall.

☐ (4) I (got / gave / made) angry at my father.

☐ (5) We (look / feel / call) happy about the good news.

② give, show などの文の形

次の英文の（　　　）内の正しいものを○で囲みなさい。

☐ (1) He gave (me / a pen) (a pen / me).

☐ (2) She showed it (me / to me).

☐ (3) He (became / bought / called) the book for me.

☐ (4) We told him (the famous story / for the famous story).

③ call, make などの文の形

次の英文の（　　　）内の正しいものを○で囲みなさい。

☐ (1) She (looked / named / sent) me some Christmas presents.

☐ (2) We call (him / Taku) (him / Taku).

☐ (3) The letter made (he / him) happy.

☐ (4) My father calls (for me / me) Betty.

☐ (5) This story made (her / sad) (her / sad).

答

① (1) looks　(2) became　(3) grew　(4) got　(5) feel
② (1) me, a pen　(2) to me　(3) bought　(4) the famous story
③ (1) sent　(2) him, Taku　(3) him　(4) me　(5) her, sad

1 〈主語＋動詞＋補語の文〉 🔑重要

次の文の（　　）内から適当な語句を選び，〇で囲みなさい。

(1) A：You (put / make / look / do) unhappy.

　　B：Well, my bike broke this morning.

(2) Ken will (make / look / become / get) captain.

(3) My father will (get / look like / is) well soon.

2 〈主語＋動詞＋目的語＋目的語の文〉

次の日本文の意味を表すように，（　　）内の語句を並べかえなさい。

(1) トムは昨日私たちに彼の絵を見せてくれました。

　Tom (us / yesterday / picture / showed / his).

　Tom _____ .

(2) 私は明日彼女に本をあげるつもりです。I (a / give / tomorrow / book / will / her).

　I _____ .

(3) 駅へ行く道を教えてくれませんか。

　Will you (way / station / tell / the / to / me / the)?

　Will you _____ ?

(4) アンは私たちに大きな人形をつくってくれました。Ann (doll / a / us / made / big).

　Ann _____ .

(5) オカ先生は私たちに数学を教えてくれます。(teaches / Mr. Oka / math / us).

　_____

3 〈to, for を使っての書きかえ〉

次の文を to または for を使って，ほぼ同じ意味を表す文に書きかえなさい。

(1) She gave me a video game.

_____

(2) I'll make my brother a small model plane.

_____

(3) Tom didn't write me a letter last month.

_____

(4) Did he buy his sister a watch?

_____

4 〈主語＋動詞＋目的語＋補語の文〉 ●重要

次の英文を日本語になおしなさい。

(1) Please call me Bob.

(　　　　　　　　　　　　　　　　　　　　　　　　　　　　　　　　　)

(2) What did you name the cat?

(　　　　　　　　　　　　　　　　　　　　　　　　　　　　　　　　　)

(3) This song makes me happy.

(　　　　　　　　　　　　　　　　　　　　　　　　　　　　　　　　　)

5 〈いろいろな文の構造〉

次の日本文の意味を表すように，＿＿＿に適当な1語を入れなさい。

(1) あなたはこの鳥を何と呼びますか。

＿＿＿＿＿＿＿＿＿ do you ＿＿＿＿＿＿＿＿ this bird?

(2) 彼は私に写真を1枚くれました。

He gave ＿＿＿＿＿＿＿＿ ＿＿＿＿＿＿＿＿ ＿＿＿＿＿＿＿＿.

(3) ボブは何になるつもりですか。

＿＿＿＿＿＿＿＿ will Bob ＿＿＿＿＿＿＿＿?

(4) あなたに私のアルバムを見せてあげましょう。

I'll show ＿＿＿＿＿＿＿＿ ＿＿＿＿＿＿＿＿ ＿＿＿＿＿＿＿＿.

(5) 私はそのニュースのことでうれしく感じました。

I ＿＿＿＿＿＿＿＿ happy about the news.

```
🔆ヒント
```

1 (1)「～に見える」 (2)「～になる」 (3)「～になる」

▶ captain [kǽptin キャプテン] 主将，キャプテン

2 2つの目的語は〈人＋もの〉の語順。(3)「～へ行く道」は the way to ～。

▶ doll [dá[dɔ́]l ダ〔ド〕ル] 人形

3 to を使うか for を使うかは，動詞によって決まっている。しっかり覚えよう。

▶ video [vídiou ヴィディオウ] ビデオ　video game テレビゲーム

model [má[mɔ́]dl マ〔モ〕ドゥル] 模型（の）　plane [pléin プレイン] 飛行機

4 (3)は〈主語＋動詞＋目的語＋補語〉の文。〈make＋目的語＋補語〉で「～を…にする」。

5 (2)(4) 空所の数に注意して考える。

▶ album [ǽlbəm アルバム] アルバム

1 🔊重要

次の各組の 2 文がほぼ同じ内容を表すように, ＿＿ に適当な 1 語を入れなさい。

(1) My mother bought me a dress.

My mother bought a dress ＿＿＿＿＿＿ me.

(2) Jane sent me some comic books.

Jane sent some comic books ＿＿＿＿＿ ＿＿＿＿＿.

(3) Who makes you lunch?

Who makes ＿＿＿＿＿ ＿＿＿＿＿ you?

(4) The teacher showed the students an interesting DVD.

The teacher showed an interesting DVD ＿＿＿＿＿ the students.

(5) My sister gave me her clothes.

My sister gave her clothes ＿＿＿＿＿ me.

2 次の (　　) 内の語句を並べかえて, 意味のとおる英文をつくりなさい。

(1) Linda (a / tennis / will / player / good / become).

Linda ＿＿＿＿＿＿＿＿＿＿＿＿＿＿＿＿＿＿＿＿＿＿.

(2) (show / the pictures / you / will / I) at my home.

＿＿＿＿＿＿＿＿＿＿＿＿＿＿＿＿＿＿＿ at my home.

(3) We (cat / Tama / name / will / the).

We ＿＿＿＿＿＿＿＿＿＿＿＿＿＿＿＿＿＿＿.

(4) Please (school / tell / your / the / of / name / me).

Please ＿＿＿＿＿＿＿＿＿＿＿＿＿＿＿＿＿＿.

(5) Who (to / it / sister / gave / your)?

Who ＿＿＿＿＿＿＿＿＿＿＿＿＿＿＿＿＿＿＿ ?

(6) A : Wow! That boy plays the guitar very well.

B : Yes, he is great.

A : What's his name?

B : Kentaro. But (him / his / Ken / friends / call).

But ＿＿＿＿＿＿＿＿＿＿＿＿＿＿＿＿＿＿.

(7) A : Did you hear her new song?

B : Yes, I did. (happy / her songs / always make / very / me).

3 次の場合，英語ではどういいますか。なお，⑴は（　　）内の語を全部使って書くこと。

⑴ 相手に，自分をタカと呼んでほしい，と伝える場合。(Please, Taka)

_____

⑵ 悲しそうに見える相手に，理由をたずねる場合。

_____

⑶ 相手に，自分のイヌを何と呼んでいるか，とたずねる場合。

_____

4 （ア）（イ）の文の下線部の意味のちがいに注意して，英文を日本語になおしなさい。

⑴ （ア）The old man <u>looked</u> very happy.

（　　　　　　　　　　　　　　　　　　　　　　　　　　　　　）

　　（イ）The old man <u>looked at</u> the sky.

（　　　　　　　　　　　　　　　　　　　　　　　　　　　　　）

⑵ （ア）He <u>became</u> a famous tennis player.

（　　　　　　　　　　　　　　　　　　　　　　　　　　　　　）

　　（イ）It <u>is getting</u> warmer and warmer.

（　　　　　　　　　　　　　　　　　　　　　　　　　　　　　）

⑶ （ア）Mary <u>got up</u> at seven yesterday morning.

（　　　　　　　　　　　　　　　　　　　　　　　　　　　　　）

　　（イ）Mary <u>got</u> sick last week.

（　　　　　　　　　　　　　　　　　　　　　　　　　　　　　）

5 次の日本文を英語になおしなさい。

⑴ ミキは私にこの本を貸してくれました。

_____

⑵ このゲームの*ルールを私に教えてくれませんか。　　　　　*ルール　rule

_____

⑶ 私たちに歌を歌ってください。

_____

⑷ あの石は*ライオンのように見えます。　　　　　　　　　　*ライオン　lion

_____

9 接続詞

① 語 (句) と語 (句)，文と文を結ぶ接続詞 and，but，or

□ **and**「～と…」「そして～」

I went to the park **and** played tennis. （私は公園へ行き，そしてテニスをしました）

□ **but**「～だが…」「しかし～」

Ken is tall **but** I'm not tall.

（ケンは背が高いが，私は高くありません）

> both A and B「A も B も両方とも」
> either A or B「A か B かどちらか」
> neither A nor B「A も B もない」
> not A but B「A ではなく B」

□ **or**「～かそれとも…」

I go to school by bike **or** by bus. （私は自転車かバスで学校へ行きます）

□ **命令文，and[or] ～**「…しなさい，そうすれば [そうしないと] ～」

〈命令文，and ～〉の形になると「…しなさい，そうすれば～」の意味を表す。

Hurry up, **and** you'll catch the bus. （急ぎなさい，そうすればバスに間に合うでしょう）

〈命令文，or ～ 〉の形になると「…しなさい，そうしないと～」の意味を表す。

Hurry up, **or** you'll miss the bus. （急ぎなさい，そうしないとバスに乗り遅れますよ）

② 主節の動詞を修飾する節を導く接続詞 when, because, if

□ **when**「～するとき」

When she was young,

she lived in Kyoto.

（彼女は若いとき，京都に住んでいました）

> when, because, if に導かれる節は，主節の前後のどちらにも置くことができる。

□ **because**「～だから」「～ので」

I'm tired **because** I worked hard.

（一生懸命働いたので私は疲れています）

> そのほかの接続詞
> 時：while (～の間に)，
> 　　until[till] (～まで)
> 　　before (～前に)
> 　　after (～あとに)
> 理由：as (～なので)

□ **if**「もし～なら」

I'll help you **if** you are busy. （もしあなたが忙しいのなら手伝ってあげますよ）

③ 動詞の目的語になる名詞節を導く that

□ **that**「～と (いうこと)」

動詞の目的語になる名詞節を導く that は省略することができる。

I know (**that**) she likes tennis. （私は，彼女がテニスを好きなことを知っています）
　　　　　　動詞 know の目的語

テストでは **ココ**が ねらわれる
● and, but, or は語 (句) と語 (句), 文と文を対等の関係で結ぶ。
● when, because, if, before, after は, 文中で副詞の働きをする節を導く。
● that は「～と (いうこと)」の意味を表す接続詞。

ポイント 一問一答

① 語 (句) と語 (句), 文と文を結ぶ接続詞 and, but, or

次の英文の ( ) 内の正しいものを○で囲みなさい。

☐ (1) Which hat do you want, this one (and / but / or) that one?

☐ (2) Ken (and / but / or) I are friends.

☐ (3) My brother is tired (or / but / and) I'm not.

☐ (4) I went to the library (but / and / or) read some books.

☐ (5) I did my best, (and / but / or) I missed the train.

② 主節の動詞を修飾する節を導く接続詞 when, because, if

次の英文の ( ) 内の正しいものを○で囲みなさい。

☐ (1) My father played tennis (when / if) he was young.

☐ (2) I'll stay home (if / because) it rains this afternoon.

☐ (3) I'm happy (while / and / because) our team won.

☐ (4) She is drinking tea (when / or / as) she finished her work.

☐ (5) She must come home (as / by / until) eight o'clock.

③ 動詞の目的語になる名詞節を導く that

次の英文の ( ) 内の正しいものを○で囲みなさい。

☐ (1) We know (while / that / because) Yumi likes English.

☐ (2) I heard (as / until / that) they bought a new car.

☐ (3) I think (that / as / after) you should go to bed early.

☐ (4) She knew (while / that / before) her friend didn't like cats.

☐ (5) Does he know (as / but / that) I can't swim?

答 ① (1) or (2) and (3) but (4) and (5) but
② (1) when (2) if (3) because (4) as (5) by
③ (1) that (2) that (3) that (4) that (5) that

1 〈and, but, or の用法〉
次の文の（　　）内から適当な語を選び，〇で囲みなさい。

(1) Jane (and / or / but) Nancy are good friends.

(2) I like baseball, (and / or / but) I'm not a good player.

(3) Which do you want, tea (and / or / but) coffee?

(4) Bob, Ann, (and / but) Ken came to my brother's birthday party.

2 〈and, but, or の意味〉
次の英文を日本語になおしなさい。

(1) Go to the park, and you will see Ken.

　公園に行きなさい，（　　　　　　　　　　　　　　　　　　　　　　）。

(2) Hurry up, or you will be late for school.

　急ぎなさい，（　　　　　　　　　　　　　　　　　　　　　　　　　）。

(3) I bought some pens, but I didn't buy a notebook.

　（　　　　　　　　　　　　　　　　　　　　　　　　　　　　　　　）

3 〈when, because, if, that の意味〉 **重要**
次の日本文の意味を表すように，（　　）内から適当な語を選び，〇で囲みなさい。

(1) 晴れていたので，私たちはテニスをしました。

　(Because / If / That) it was fine, we played tennis.

(2) もし今行けば，電車に乗れるでしょう。

　(When / Because / If) you go now, you will catch the train.

(3) 彼は正しいと私は思います。

　I think (if / that / when) he is right.

(4) 私がジャックを訪ねたとき，彼は寝ていました。

　Jack was sleeping (when / because / if) I visited him.

4 〈Why ～? の文の答え方〉
＿＿＿に適当な1語を入れて，問いに対する答えの文を完成しなさい。

(1) Why is she happy?

　＿＿＿＿＿＿ ＿＿＿＿＿＿ heard the good news about her brother.

(2) Why do you like him?

　＿＿＿＿＿＿ ＿＿＿＿＿＿ ＿＿＿＿＿＿ kind.

5 〈when, because, if, that の使い方〉 **重要**

次の２つの文を，（　）内の接続詞を使って１つの文にしなさい。ただし，２つの文の順序をかえないこと。

(1) My mother came home. I was watching TV. (when)

_____

(2) I'm tired. I cleaned the house. (because)

_____

(3) You are hungry. You may eat this cake. (if)

_____

(4) I know. Tom likes Japanese food. (that)

_____

6 〈接続詞を含む重要表現〉

次の日本文の意味を表すように，（　）内の語句を並べかえなさい。

(1) トムもスーも日本語を話せます。

(Japanese / Tom / speak / and / Sue / can / both).

_____

(2) 彼は今，アメリカかカナダのどちらかにいます。

(Canada / the U. S. / in / in / is / either / he / or) now.

_____ now.

(3) その電車は仙台行きではなく，新潟行きです。

The train (not / for / for / Sendai / is / but / Niigata).

The train _____ .

 ヒント

1 (3) ２つのうちでどちらがほしいかをたずねている。(4) ３つ以上を並べるときは，A，B (,) and C となる。

2 (1)(2) 命令文のあとで使われる and は「そうすれば」，or は「そうしないと」の意味を表す。

➡ hurry [hɔ́ːri/hʌ́ri ハ〜〔ハ〕リィ] 急ぐ　be late for 〜 〜に遅れる

3 接続詞の意味，用法をしっかり押さえよう。

➡ catch [kǽtʃ キャッチ] 〜に間に合う　right [ráit ライト] 正しい

4 Why 〜? には，ふつう Because 〜. で答える。

5 (4)「私は〜だと知っている」の文にする。

➡ hungry [hʌ́ŋgri ハングリィ] 空腹の　Japanese food 和食

6 (1)「A も B も両者とも」は both A and B，(2)「A か B かどちらか」は either A or B，(3)「A ではなく B」は not A but B。

1 次の文が意味のとおる文になるように，（　　）内の語を文中の適当なところに入れ，全文を書きなさい。

(1) You'll get well you go to bed soon. (if)

_____

(2) We woke up there was a storm. (because)

_____

(3) He was eating dinner I visited him. (when)

_____

(4) My brother can speak Chinese and French. (both)

_____

(5) We walked a long way, we weren't tired at all. (but)

_____

2 ⚠ ミス注意
次の文の（　　）内の語を適当な形になおしなさい。

(1) He and I (be) classmates last year.　　　　　　　　　_____

(2) Either Kate or Bob (be) absent yesterday.　　　　　_____

(3) I will leave when my mother (come).　　　　　　　_____

(4) If it (snow) tomorrow, I'll stay home.　　　　　　　_____

3 🔑重要
次の日本文の意味を表すように，____に適当な1語を入れなさい。

(1) 彼女はとても美しいと思います。

I _____ _____ she is very beautiful.

(2) 歯をみがいて寝なさい。

Brush your teeth _____ _____ to bed.

(3) ジューンは月曜日にではなく火曜日に来ました。

June came _____ on Monday _____ on Tuesday.

(4) 質問があれば，ボブか私に聞いてください。

_____ you have any questions, please ask _____ Bob _____ me.

(5) ケンは黒いぼうしも白いぼうしも持っています。

Ken has _____ a black hat _____ a white hat.

4 ○重要

次の各組の２文がほぼ同じ内容を表すように，＿＿＿に適当な１語を入れなさい。

(1) He likes to play the violin and I like it, too.

　　＿＿＿＿＿＿＿ he ＿＿＿＿＿＿＿ I like to play the violin.

(2) She wrote a letter and went to bed.

　　She went to bed ＿＿＿＿＿＿＿ she wrote a letter.

(3) If you hurry up, you will be in time for the movie.

　　Hurry up, ＿＿＿＿＿＿＿ you will be in time for the movie.

(4) If you don't wake up early, you'll be late.

　　Wake up early, ＿＿＿＿＿＿＿ you'll be late.

5 次の日本文の意味を表す英文になるように，（　　）内の語句を並べかえなさい。

(1) お父さんが病気だったので，彼は来られませんでした。

　　He couldn't come (was / ill / his / because / father).

　　He couldn't come ＿＿＿＿＿＿＿＿＿＿＿＿＿＿＿＿＿＿＿.

(2) 彼女は年をとっているので，めがねなしでは読書ができません。

　　She can't read (is / glasses / she / without / because / old).

　　She can't read ＿＿＿＿＿＿＿＿＿＿＿＿＿＿＿＿＿＿＿.

(3) もし明日暑かったら，私たちは泳ぎに行くつもりです。

　　We will go swimming (tomorrow / is / if / it / hot).

　　We will go swimming ＿＿＿＿＿＿＿＿＿＿＿＿＿＿＿＿＿.

(4) ナオミはお金をほとんど持っていなかったので，その本を買えませんでした。

　　Naomi couldn't (because / had / buy / money / she / little / the book).

　　Naomi couldn't ＿＿＿＿＿＿＿＿＿＿＿＿＿＿＿＿＿＿＿.

6 書がつく

次の英文を日本語になおしなさい。

(1) Come here, and you can see Mt. Fuji.

　　（　　　　　　　　　　　　　　　　　　　　　　　　　　　　　　　）

(2) I thought he would come here.

　　（　　　　　　　　　　　　　　　　　　　　　　　　　　　　　　　）

(3) Because he came late, I had to wait for him for half an hour.

　　（　　　　　　　　　　　　　　　　　　　　　　　　　　　　　　　）

(4) I bought an apple, a peach, and an orange at the store.

　　（　　　　　　　　　　　　　　　　　　　　　　　　　　　　　　　）

◎制限時間 **40**分
◎合格点 **80**点
▶答え 別冊p.21

点

1 次の文の＿＿に，下から適当な語句を選び，記号で答えなさい。 〈2点×6〉

(1) My father bought a nice camera ＿＿＿＿＿ me yesterday.

ア to イ for ウ by エ on

(2) Study hard, ＿＿＿＿＿ you can go to high school.

ア and イ or ウ but

(3) Tomoko made a bag ＿＿＿＿＿ her sister.

ア on イ for ウ to エ in

(4) ＿＿＿＿＿ there any oranges on the dish?

ア Is イ Are ウ Do エ Does

(5) A : ＿＿＿＿＿ we go on a picnic tomorrow?

B : Yes, let's.

ア Will イ Shall ウ Do

(6) I know ＿＿＿＿＿ you know about my family.

ア that イ what ウ which エ for

(1)		(2)		(3)	
(4)		(5)		(6)	

2 次の対話文の（ ）内に入る最も適当な文をア〜エから選び，記号で答えなさい。 〈2点×3〉

(1) A : Is there a CD shop on this street?

B : ( ) You can see it over there.

ア Yes, it is. イ No, it isn't.

ウ Yes, there is. エ No, there aren't.

(2) A : Why did you come early today?

B : ( ) I had to finish my report.

ア At seven o'clock. イ Because there was some work to do.

ウ While you were talking. エ Because I came early.

(3) A : Shall I carry this bag to your room?

B : ( ) I can't carry it by myself.

ア No, let's not. イ Yes, let's.

ウ No, I won't. エ Yes, please.

(1)		(2)		(3)	

3 次の日本文の意味を表すように，＿＿に適当な1語を入れなさい。 〈3点×5〉

(1) ジャックもボブもパーティーには来られませんでした。

＿＿＿＿＿＿ Jack ＿＿＿＿＿＿ Bob could come to the party.

(2) ケイトは私に数冊の本を手渡しました。

Kate handed some books ＿＿＿＿＿＿ ＿＿＿＿＿＿.

(3) その木の下には3人の男の子がいます。

＿＿＿＿＿＿ ＿＿＿＿＿＿ three boys under the tree.

(4) あの男性はとても親切そうに見えます。

That man ＿＿＿＿＿＿ very kind.

(5) 私たちは暗くなるまで遊びました。

We ＿＿＿＿＿＿ ＿＿＿＿＿＿ it got dark.

(1)		(2)	
(3)		(4)	
(5)			

4 次の日本文の意味を表すように，（　）内の語を並べかえなさい。ただし，不要な語が1つ含まれています。 〈4点×4〉

(1) あなたが眠っている間に，私は宿題を終えました。

(and / homework / were / finished / my / sleeping / you / while / I).

(2) 彼はどんな人ですか。―とても背が高くて，髪が長くて茶色です。

(looks / he / like / what / does / look)? ― He is very tall, and he has a long brown hair.

(3) コウタのお母さんは自分の息子のことをコーちゃんと呼びます。

Kohta's (Koh-chan / son / calls / mother / her / for).

(4) もう起きなさい，そうしないとバスに乗り遅れますよ。

(now, / or / get / miss / you / the / up / will / bus / and).

(1)	
(2)	
(3)	
(4)	

5 次の各組の2文がほぼ同じ内容を表すように, ____ に適当な1語を入れなさい。 〈2点×3〉

(1) Shall we sing this song?

_____ sing this song.

(2) She gave him some pictures.

She gave some pictures _____ _____.

(3) You'll miss the next train if you don't hurry up.

_____ _____, _____ you'll miss the next train.

(1)		(2)		
(3)				

6 次の文の ____ に入れる適当な語を下のア〜クから選び, 記号で答えなさい。 〈2点×4〉

(1) Will you _____ me your dictionary?

(2) Either Susan _____ Tom will come to the party.

(3) The woman will _____ a kind nurse.

(4) Study hard, _____ you will pass the exam.

ア and　イ but　ウ or　エ there　オ lend　カ become

キ use　ク get

(1)		(2)		(3)		(4)	

7 次の文を ( ) 内の指示にしたがって書きかえなさい。 〈3点×4〉

(1) There is a picture on the wall. (下線部を some にかえて)

(2) If you study hard, you will succeed. (and を使って同じ意味に)

(3) I was very tired. So I went to bed early last night.

(because を使って同じ意味の1文に)

(4) I got a present from my mother. I felt happy about that. (同じ意味の1文に)

(1)	
(2)	
(3)	
(4)	

8 次の各組の英文を，下線部の意味のちがいに注意して日本語になおしなさい。 〈6点×2〉

(1) (ア) She <u>called</u> me last night.　(イ) She <u>called</u> me Junko.

(2) (ア) I <u>got up</u> at five yesterday.　(イ) I <u>got sick</u> yesterday.

(1)	(ア)	
	(イ)	
(2)	(ア)	
	(イ)	

9 次の英文を読んで，あとの問いに答えなさい。 〈(1)・(2)・(3) 3点×3，(4) 4点〉

Some students are reading books in the library. But two girls are talking.

A : Look at this magazine. It's about the new movie.

B : Oh, look at this actor! She is so beautiful! ① <u>She (　　　　) (　　　　) a nice person, too.</u>

A : I know. ② <u>She is famous in (　　　　　　　) the U. S. (　　　　　　) Japan.</u>

B : I heard that she was going to come to Japan next week.

A : I heard that, too.　③ <u>Are you free next Saturday? Shall we go to see her movie?</u>

B : Sure.

(1) ①が「彼女はいい人のようにも見えます」の意味を表すように，（　　）に適当な1語を入れなさい。

(2) ②が「彼女はアメリカと日本の両方で有名です」の意味を表すように，（　　）に適当な1語を入れなさい。

(3) ③の2つの文を接続詞 if を使って，同じ意味の1つの文に書きかえなさい。

(4) 絵と会話文を参考にして，絵の中の男子生徒のせりふを適当な英語で書きなさい。ただし，英語は4語以上書くこと。

(1)		(2)	
(3)			
(4)			

10 不定詞(1)

① 不定詞の名詞的用法

☐ **不定詞＝〈to＋動詞の原形〉**

〈to＋動詞の原形〉の形を不定詞という。to のあとの動詞は必ず原形で，主語や時制による影響を受けない。不定詞は文中での働きによって，名詞的用法，副詞的用法，形容詞的用法の 3 つに分かれる。

☐ **不定詞の名詞的用法〈to＋動詞の原形〉「〜すること」**

名詞と同じ働きをして「〜すること」の意味を表し，動詞の目的語などになる不定詞の用法を，名詞的用法という。

> よく使う名詞的用法の形
> like to 〜（〜するのが好きだ）
> want to 〜（〜したい）
> begin to 〜（〜し始める）
> start to 〜（〜し始める）
> try to 〜（〜しようとする）

He likes **to play** baseball.（彼は野球をするのが好きです）

不定詞の形は，疑問文や否定文でもかわらない。

Do you want **to eat** a cake?（あなたはケーキを食べたいですか）

I don't want **to go** there today.（私は今日はそこへ行きたくありません）

② 不定詞の副詞的用法

☐ **不定詞の副詞的用法〈to＋動詞の原形〉「〜するために」**

副詞と同じ働きをして，動詞を修飾する不定詞の用法を副詞的用法という。この不定詞は「〜するために」と目的を表す。

> 副詞的用法の不定詞は，日本語では「〜しに」とすることも多い。

I got up early ⎿ **to do** my homework ⏌.（私は宿題をするために早く起きました）

＊動詞 got up を修飾

Why 〜? の問いに，目的を答えるときにも使われる。

Why did you go to the library?

> Why 〜? に理由を答えるときは，Because 〜. を使う。

（なぜあなたは図書館へ行ったのですか）

— **To read** some books.（本を読むためです）

☐ **〈to＋動詞の原形〉「〜して」**

副詞的用法の不定詞は，happy（うれしい）や sad（悲しい）などの形容詞を修飾して，その原因を表すことがある。「〜して」という意味になる。

I was sad ⎿ **to hear it** ⏌.（私はそれを聞いて悲しかった）

＊形容詞 sad を修飾

● 〈to＋動詞の原形〉を不定詞といい，主語や動詞の時制の影響を受けない。
● 名詞的用法の不定詞は，「〜すること」の意味を表す。
● 副詞的用法の不定詞は，「〜するために」「〜して」の意味を表す。

ポイント **一問一答**

① 不定詞の名詞的用法

次の英文の（　　　）内の正しいほうを○で囲みなさい。

☐ (1) He wants (to using / to use) the computer.

☐ (2) She likes (to read / reads) books.

☐ (3) We began (studied / to study) English last year.

☐ (4) My brother started (to work / to working) last month.

☐ (5) Tom wasn't sleepy but tried (slept / to sleep).

☐ (6) I would like (to have / having) a cup of tea.

☐ (7) I need (to talk / talking) with her.

☐ (8) I want (to going / to go) to bed early.

☐ (9) Where do you want (to go / to going)?

☐ (10) I don't like (to watched / to watch) a soccer game.

② 不定詞の副詞的用法

次の英文の（　　　）内の正しいほうを○で囲みなさい。

☐ (1) I woke up early (to go / to going) to London.

☐ (2) Mary went to the shop (and buys / to buy) a notebook.

☐ (3) He often comes to this café (to have / and had) lunch.

☐ (4) I am glad (talked / to talk) with you.

☐ (5) I am sad (to hear / heard) the news.

☐ (6) Jim was happy (meets / to meet) Nancy.

☐ (7) I am sorry (to be / to being) late.

☐ (8) She was happy (watching / to watch) the movie.

☐ (9) We took the train (go / to go) to the shopping mall.

☐ (10) Why did you go shopping?

　　 —(Because buy / To buy) some new clothes.

- -

① (1) to use　(2) to read　(3) to study　(4) to work　(5) to sleep　(6) to have　(7) to talk
(8) to go　(9) to go　(10) to watch
② (1) to go　(2) to buy　(3) to have　(4) to talk　(5) to hear　(6) to meet　(7) to be
(8) to watch　(9) to go　(10) To buy

1　〈不定詞の形〉 重要

次の文の（　　）内から適当な語句を選び，〇で囲みなさい。

(1) Mike began to (play / plays / played) the piano.

(2) Do you want to (are / were / be) a doctor?

(3) She went to a post office to (send / sends / sent) a present.

(4) I was very surprised (hearing / to hear / hear / heard) the news.

2　〈不定詞の意味〉

次の日本文の意味を表すように，＿＿＿に入る最も適当な語句を下から選びなさい。

(1) ジョーは中国語を勉強するために上海に行きました。

Joe went to Shanghai ＿＿＿＿＿＿＿＿＿＿＿ Chinese.

(2) 私はその鳥をつかまえようとしましたが，できませんでした。

I tried ＿＿＿＿＿＿＿＿＿＿ the bird, but I couldn't.

(3) 私たちはあなたの手伝いができてうれしい。

We are glad ＿＿＿＿＿＿＿＿＿＿ you.

(4) ミキは父親といっしょに車を洗うのが好きです。

Miki likes ＿＿＿＿＿＿＿＿＿＿ the car with her father.

> to go / to wash / to help / to study / to catch / to do

3　〈名詞的用法の不定詞①〉 重要

次の日本文の意味を表すように，＿＿＿に適当な１語を入れなさい。

(1) 彼女は泳ぐのが好きではありません。

She doesn't ＿＿＿＿＿＿＿ ＿＿＿＿＿＿＿ swim.

(2) 雨がとても激しく降りはじめました。

It ＿＿＿＿＿＿＿ ＿＿＿＿＿＿＿ rain very hard.

(3) あなたはパーティーに来たかったのですか。

Did you ＿＿＿＿＿＿＿ ＿＿＿＿＿＿＿ come to the party?

(4) 私の父はカナダを訪問する計画を立てています。

My father is ＿＿＿＿＿＿＿ ＿＿＿＿＿＿＿ visit Canada.

4 〈名詞的用法の不定詞②〉
次の文に to を補って正しい文に書きかえなさい。

(1) She needs help her mother.

_____

(2) Nancy hopes visit Japan someday.

_____

(3) I would like speak to Mr. Suzuki.

_____

5 〈副詞的用法の不定詞〉 🔑重要
日本語を参考に，____ に適当な1語を入れ，問答文を完成しなさい。

(1) A：Why do you need ham and cheese?
　　B：_____ _____ sandwiches.
　　　（サンドイッチをつくるために）

(2) A：What did you do last Sunday?
　　B：I went to Kyoto _____ _____ my friends.
　　　（友だちに会いに）

(3) A：Why did Bob go to the park?
　　B：_____ _____ soccer.
　　　（サッカーをするために）

ヒント

1 不定詞の形は〈to＋動詞の原形〉。
　▶ surprised[sərpráizd サプライズド] 驚いた
2 (1) ____ は「勉強するために」の部分。(2) ____ は「つかまえようと」の部分。(3) ____ は「手伝いができて」の部分。
　▶ Shanghai[ʃæŋhái シャンヘイ] 上海　glad[glǽd グラッド] うれしい
3 ____ のあとはすべて動詞の原形。〈動詞＋to＋動詞の原形〉の形をつくる。
　▶ hard[háːrd ハード] 激しく
4 動詞が2つ続いている部分に注目する。
　▶ need[níːd ニード] ～を必要とする　hope[hóup ホウプ] ～を望む
　　someday[sʌ́mdei サムデイ] いつか
5 (1) Why ～? の質問に不定詞で答えることができる。
　▶ ham[hǽm ハム] ハム　cheese[tʃíːz チーズ] チーズ

1 次の文中の下線部と同じ用法の不定詞が使われている文を1つ選び，記号を〇で囲みなさい。

(1) I want to go swimming.

ア　His dream is to become an English teacher.

イ　She went to the store to buy some meat.

ウ　I am very happy to see you again.

(2) She went to the kitchen to make a cup of coffee.

ア　He bought a CD to give Mary for her birthday.

イ　The important thing is to do your best.

ウ　I would like to invite you to the party.

2 次の各組の2文がほぼ同じ内容を表すように，＿＿に適当な1語を入れなさい。

(1) We go to school. We study there.

We go to school ＿＿＿＿＿＿ ＿＿＿＿＿＿.

(2) I went to the lake and caught fish there.

I went to the lake ＿＿＿＿＿＿ ＿＿＿＿＿＿ fish.

(3) I was surprised at the *rumor.

I was surprised ＿＿＿＿＿＿ ＿＿＿＿＿＿ the rumor.　　　　*rumor　うわさ

3 🔑重要
次の英文の意味を完成しなさい。

(1) What do you want to watch on TV this evening?

あなたは今夜（　　　　　　　　　　　　　　　　　　　　）。

(2) "Why did you go to the library?" "To study math with Nancy."

「どうして図書館に行ったのですか」「（　　　　　　　　　　　　　　　）」

(3) My mother was very glad to meet her old friends.

私の母は古い友だちに（　　　　　　　　　　　　　　　　　）。

(4) Why did you decide to be a pilot?

あなたはなぜ（　　　　　　　　　　　　　　　　　　　）。

(5) We left home early to take the first bus.

私たちは始発の（　　　　　　　　　　　　　　　　　）。

4 次の日本文の意味を表すように，____に適当な1語を入れなさい。

(1) 彼女は大阪に住みたいと思っています。

She _____ _____ to live in Osaka.

(2) 私たちはサッカーをしに公園に行きました。

We went to the park _____ _____ soccer.

(3) あなたから手紙をもらってとてもうれしいです。

I am very glad _____ _____ from you.

5 ⚠ ミス注意

次の日本文の意味を表すように，（　　）内の語を並べかえなさい。

(1) 私たちはロンドンへ行く計画を立てています。

We (are / London / planning / go / to / to).

We _____.

(2) 私はあなたのような女性に会えて幸せでした。

(a woman / see / was / I / happy / to) like you.

_____ like you.

(3) あなたは夕食に何を食べたいですか。

What (for / do / want / you / eat / to) dinner?

What _____ dinner?

(4) ビルはその高い木にのぼろうとしました。

(tree / the / tried / Bill / climb / to / tall).

_____

6 🏠 金がつく

次の日本文を，（　　）内の指示にしたがって英語になおしなさい。

(1) 私は彼女が看護師になりたいことを知っている。（不定詞を使った文に）

_____

(2) あなたはギターを弾くのが好きですか。（不定詞を使った文に）

_____

(3) そのニュースを聞いて私は悲しかったです。（不定詞を使った7語の文に）

_____

11 不定詞⑵

重要ポイント

① 不定詞の形容詞的用法

☐ 〈to＋動詞の原形〉「〜するための」「〜すべき」

不定詞の形容詞的用法は，「〜するための」や「〜すべき」の意味を表し，前の(代)名詞を修飾する。

something など，-thing のつく代名詞を修飾する形容詞は，代名詞のあとにくる。これに不定詞がつくときは，〈-thing＋形容詞＋不定詞〉の語順になる。
I want something hot to drink.
（何か温かい飲みものがほしい）

I have a lot of homework to do .

（私にはすべき宿題がたくさんあります）（代)名詞を修飾

② It is ... for ＿ to 〜.

☐ It is ... for ＿ to 〜. 「ーが〜することは…である」

不定詞の名詞的用法は「〜すること」の意味を表し，動詞の目的語だけでなく，主語にもなる。その場合，不定詞をあとにまわして形式的主語 it を文頭に置き，It is ... for ＿ to 〜. の形で表す。to 〜 の動作をする人を明確にした場合は，意味上の主語〈for＋名詞［代名詞の目的格］〉を不定詞の前に置く。

この it は不定詞が含まれた主語を形式的に置き換えたもので，意味はない。本来の主語である不定詞の部分を真主語と呼ぶ。

be 動詞を was にすると過去，will be にすると未来のことも表せる。

To speak English is difficult (for me). （私にとって英語を話すことは難しい）

→ It is difficult (for me) to speak English .

形式主語　　　　　　意味上の主語　　真主語

③ 〈疑問詞＋to 〜〉

☐ 〈疑問詞＋to 〜〉「どう（何を / どこで / いつ）〜するか，〜したらいいか」

〈疑問詞＋to 〜〉は名詞と同じ働きをし，目的語になる。

I know **how to** use this computer.

（私はこのコンピューターの使い方を知っています）

I know **what to** do before dinner.

（私は夕食前に何をすべきか知っています）

Will you show me **where to** get the bus?

（どこでバスに乗ればいいか教えてください）

〈疑問詞＋to 〜〉は，動詞 know, learn, tell, show, teach などの目的語になることが多い。

テストでは
ココが
ねらわれる

●不定詞は文中で，「～するための」「～すべき」の意味で形容詞の働きをする。
●意味上の主語は不定詞の前に〈for＋名詞［代名詞の目的格］〉を置いて表す。
●疑問詞の意味によって，〈疑問詞＋to ～〉を使い分けよう。

ポイント 一問一答

① 不定詞の形容詞的用法

次の英文の（　　）内の正しいほうを○で囲みなさい。

☐ (1) I have many things (to do / doing).

☐ (2) I don't have food (to eat / eating) tonight.

☐ (3) I have something (showing / to show) you.

☐ (4) Tell me some movies (watching / to watch).

☐ (5) This is one of the books (to read / reading).

② It is ... for __ to ～.

次の英文の（　　）内の正しいほうを○で囲みなさい。

☐ (1) It is important for us (to learn / learning) foreign languages.

☐ (2) It isn't easy for Ken (gets / to get) up early.

☐ (3) Is (this / it) fun to play tennis with Tomoko?

☐ (4) It was difficult for (his / him) to make a birthday cake.

☐ (5) Will (it / that) be surprising for her to see a big bird there?

☐ (6) Was it hard for (their / them) to finish yesterday's homework?

③〈疑問詞＋to ～〉

次の英文の（　　）内の正しいほうを○で囲みなさい。

☐ (1) Would you tell me when (visit / to visit) you?

☐ (2) I don't know what (doing / to do).

☐ (3) I want to learn how (make / to make) an apple pie.

☐ (4) Do you know where (meeting / to meet) him?

☐ (5) Will you teach me (how to / what to) play the piano?

☐ (6) I want to know (when to / what to) buy for a present.

答

① (1) to do　(2) to eat　(3) to show　(4) to watch　(5) to read
② (1) to learn　(2) to get　(3) it　(4) him　(5) it　(6) them
③ (1) to visit　(2) to do　(3) to make　(4) to meet　(5) how to　(6) what to

1 〈形容詞的用法の不定詞の形①〉
次の文の（　　）内から適当な語句を選び，○で囲みなさい。

(1) He wants (something to drink / drinking something / something drinks).

(2) She had a lot of (doing homework / homework to do / to do homework) yesterday.

(3) I have no (money lent / money to lend / lend you money) you.

(4) There are a lot of subjects (learning / learnt to do / to learn).

2 〈形容詞的用法の不定詞の形②〉 **重要**
次の日本文の意味を表すように，＿＿に適当な1語を入れなさい。

(1) 彼女には手紙を書く時間がありません。

She has no time _____ _____ a letter.

(2) 私は何かすてきな着るものがほしい。

I want _____ nice _____ wear.

(3) メアリーが最初に来た女の子でした。

Mary was the first girl _____ _____ .

3 〈[（代）名詞＋不定詞] の語順〉 **重要**
次の各組の2文がほぼ同じ内容を表すように，＿＿に適当な1語を入れなさい。

(1) He didn't have anything to do.

He had nothing _____ _____ .

(2) She wanted some magazines. She wanted to read them on the train.

She wanted some magazines _____ _____ on the train.

4 〈It is ... for ＿ to ～. の文①〉
次の文の（　　）内から適当な語句を選び，○で囲みなさい。

(1) It isn't difficult (me to read / for me to read / to read for me) English books.

(2) It is possible (watch his / to watch his / for him to watch) all the movies for one day.

(3) It must be important (having / to have / for we to have) breakfast every morning.

5 〈It is ... for __ to ～. の文②〉 **●**重要
次の日本文の意味を表すように，____ に適当な 1 語を入れなさい。

(1) 私が宿題を 1 時間で終えるのは不可能です。

　　It is impossible for _____ _____ finish my homework in an hour.

(2) 彼がその部屋をそうじするのは簡単ではありませんでした。

　　_____ _____ easy for him _____ _____ the room.

(3) 真実を言うことは重要です。

　　It is important _____ _____ the truth.

6 〈「疑問詞＋to ～」の疑問詞の使い分け〉
次の日本文の意味を表すように，____ に適当な 1 語を入れなさい。

(1) 私は母の誕生日に何をあげたらいいかわかりません。

　　I don't know _____ _____ give my mother for her birthday.

(2) この問題をどう解いたらいいかわかりますか。

　　Do you know _____ _____ solve this problem?

(3) いつゲームを開始したらいいか教えてください。

　　Will you tell me _____ _____ start the game?

(4) 何と言ったらいいかわかりません。

　　I don't know _____ _____ say.

(5) どこで野球をしたらいいかトムが知っています。

　　Tom knows _____ _____ play baseball.

ヒント

1 形容詞用法の不定詞は後ろから名詞を修飾する。
　➡ lend[lénd レンド] ～を貸す
2 (1)「手紙を書くための時間」と考える。　(2)「着るためのすてきなもの」と考える。
3 (1) didn't have anything＝had nothing　(2)「電車で読むための何冊かの雑誌」と考える。
　➡ anything[éniθiŋ エニスィング] (否定文で) 何も (～ない)　nothing[nʌ́θiŋ ナスィング] 何も～ない
4 意味上の主語は不定詞の前に置く。
　➡ possible[pásəbl ポスェボル] 可能な ⟷ impossible 不可能な
5 (2) 時制が過去で否定文である点に注意する。
6 「どう」「何」「いつ」「どこで」などの疑問詞をもう一度確認しておこう。
　➡ solve[sálv サルヴ] 解決する，解く

1 ⚠ ミス注意

次の日本文の意味を表すように，＿＿に適当な1語を入れなさい。

(1) 彼らがその試験に合格するのは大変でした。

＿＿＿＿＿＿＿ was hard for ＿＿＿＿＿＿＿ to pass the exam.

(2) 彼女はどちらの本を選んでよいのか決められませんでした。

She couldn't decide ＿＿＿＿＿＿＿ ＿＿＿＿＿＿＿ to choose.

(3) 外国語を勉強する最善の方法は何ですか。

What is the best way ＿＿＿＿＿＿＿ ＿＿＿＿＿＿＿ a foreign language?

(4) 私の母は私にセーターをつくってくれると約束しました。

My mother ＿＿＿＿＿＿＿ ＿＿＿＿＿＿＿ make me a sweater.

(5) お互いにあいさつしあうことは大切です。

It is necessary ＿＿＿＿＿＿＿ ＿＿＿＿＿＿＿ "Hello" to each other.

(6) その映画のチケットをどうやって買えばいいか知っていますか。

Do you know ＿＿＿＿＿＿＿ ＿＿＿＿＿＿＿ buy the movie ticket?

(7) 次の休暇にはどこへ行くか決めましたか。

Did you decide ＿＿＿＿＿＿＿ ＿＿＿＿＿＿＿ go during the next vacation?

2 次の各組の2文がほぼ同じ内容を表すように，＿＿に適当な1語を入れなさい。

(1) To study every day is important.

＿＿＿＿＿＿＿ ＿＿＿＿＿＿＿ important to study every day.

(2) I'm hungry, but I don't have any food.

I'm hungry, but I have ＿＿＿＿＿＿＿ ＿＿＿＿＿＿＿ eat.

(3) I cannot give you any money.

I have no money ＿＿＿＿＿＿＿ ＿＿＿＿＿＿＿ you.

(4) Please tell me the way to make pizza.

Please tell me ＿＿＿＿＿＿＿ ＿＿＿＿＿＿＿ make pizza.

(5) I don't have any homework today.

I have no homework ＿＿＿＿＿＿＿ ＿＿＿＿＿＿＿ today.

(6) Do you know the place to visit next Sunday?

Do you know ＿＿＿＿＿＿＿ ＿＿＿＿＿＿＿ visit next Sunday?

3 🔑重要

次の日本文の意味を表すように，（　　）内の語を並べかえなさい。ただし，(1)～(4)には1語不要な語が含まれています。

(1) あたたかい飲み物をくれませんか。

(you / will / give / hot / for / drink / something / me / to)?

_____

(2) 彼女がひとりで山に登るのは危険です。

(mountain / to / her / the / dangerous / she / it / is / for / climb) by herself.

_____ by herself.

(3) すきやきのつくり方を教えてくれませんか。

(what / make / teach / will / to / me / you / how) Sukiyaki?

_____ Sukiyaki?

(4) 彼は昨日，何もすることがありませんでした。

He (have / to / anything / do / not / did / has) yesterday.

He _____ yesterday.

(5) 何か書くもの（筆記具）を貸してくれますか。

(write / something / to / will / me / you)?（2語不足）

_____

(6) いつ止めればいいか教えてください。

(tell / to / please / me / stop).（1語不足）

_____

4 🏠差がつく

次の日本文を英語になおしなさい。

(1) 彼にはそのネコにあげるミルクがありませんでした。

He had _____ to the cat.

(2) その女性は私にどこでバスに乗ればいいか教えてくれました。

The woman _____ the bus.

(3) 彼が毎日1冊の本を読むのは簡単ではありません。

_____ every day.

(4) 私は何と言ったらいいのかわからなかったので，ただその場を立ち去りました。

I just left the place _____ .

12 不定詞⑶・動名詞

① 動名詞の形と意味

☐ **動名詞＝〈動詞の原形＋-ing〉**

〈動詞の原形＋-ing〉が，名詞と同じ働きをして，「～すること」の意味を表すものを動名詞という。動名詞は主として動詞の目的語になる。

> I like **playing** baseball.
>
> （私は野球をするのが好きです）

> 動名詞は目的語のほかに主語や補語になる。また前置詞のあとにくることもある。

> よく使う〈動詞の原形＋-ing〉
> start[begin] -ing（～し始める）
> enjoy -ing（～して楽しむ）
> finish -ing（～し終える）

☐ **go -ing「～しに行く」**

> We **went swimming**.（私たちは泳ぎに行きました）

② 動名詞と不定詞

動名詞と名詞的用法の不定詞は，どちらも動詞の目的語になる。動詞によって目的語に動名詞だけをとるもの，不定詞だけをとるもの，動名詞・不定詞どちらもとるものがある。

☐ **動名詞だけを目的語にとる動詞**

enjoy（～を楽しむ），**finish**（～を終える），**give up**（～をあきらめる）など

> I **enjoyed** playing tennis.（私はテニスをして楽しんだ）
>
> （×）I enjoyed to play tennis.

☐ **不定詞だけを目的語にとる動詞**

want（～がほしい），**hope**（～を希望する），**wish**（～を願う），**decide**（～を決める）など

> I **want** to read the book.（私はその本を読みたい）
>
> （×）I want reading the book.

☐ **動名詞・不定詞のどちらも目的語にとる動詞**

like（～を好む），**start[begin]**（～を始める）など

> It **started** | to rain.（雨が降り始めた）
> | raining.

> 動名詞，不定詞のどちらも目的語にとるが，意味が異なる動詞に注意。
> ・remember -ing
>   （～したことを覚えている）/
>   remember to ～
>   （～するのを覚えておく）
> ・forget -ing
>   （～したことを忘れる）/
>   forget to ～
>   （～し忘れる）

ポイント 一問一答

① 動名詞の形と意味

次の英文の（　　　）内の正しいものを○で囲みなさい。

☐ (1) He finished (reading / read) the newspaper.

☐ (2) Please stop (crying / cry).

☐ (3) I went (swim / swimming) with my friends.

☐ (4) We like (to playing / playing) soccer.

☐ (5) My hobby is (listening / to listening) to music.

☐ (6) I went (to shop / shopping) with my friend yesterday.

☐ (7) They enjoyed (to talk / talking) with people from Canada.

☐ (8) Let's go (to camp / camping).

☐ (9) I enjoyed (staying / to stay) at my grandmother's house last weekend.

☐ (10) We started (doing / to doing) our homework a few minutes ago.

② 動名詞と不定詞

次の英文の（　　　）内の正しいものを○で囲みなさい。

☐ (1) I enjoyed (to talk / talking) with him.

☐ (2) They decided (to move / moving) to Osaka.

☐ (3) Tom hoped (to come / coming) back to Japan someday.

☐ (4) I'll soon finish (use / using) the computer.

☐ (5) He stopped (listen / listening) to the radio.

☐ (6) Don't forget (to bring / bringing) an umbrella tomorrow.

☐ (7) I want (to be / being) a doctor.

☐ (8) She wants (studying / to study) English in the future.

☐ (9) I gave up (to eat / eating) all the food.

☐ (10) He hopes (getting / to get) a good score on that test.

---

 ① (1) reading　(2) crying　(3) swimming　(4) playing　(5) listening　(6) shopping
(7) talking　(8) camping　(9) staying　(10) doing
② (1) talking　(2) to move　(3) to come　(4) using　(5) listening　(6) to bring
(7) to be　(8) to study　(9) eating　(10) to get

1 〈動名詞の形と意味〉 🔴重要

次の日本文の意味を表すように，____ に適当な 1 語を入れなさい。

(1) メアリーと私はテニスをするのが好きです。

Mary and I _____ _____ tennis.

(2) 彼が帰ってくる前に食器を洗い終えていなくてはなりません。

We must _____ _____ the dishes before he comes home.

(3) 彼女たちは海で泳ぐのを楽しみました。

They _____ _____ in the sea.

(4) トムは日本の音楽を聞くのが好きです。

Tom _____ _____ to Japanese music.

(5) 私は夕食前におやつを食べるのをやめました。

I _____ _____ a snacks before dinner.

2 〈動名詞と不定詞の名詞的用法〉

次の日本文の意味を表すように，____ に適当な 1 語を入れて 2 通りの英文を完成しなさい。

(1) 彼女は自分の部屋のそうじを始めました。

① She began _____ her room.

② She began _____ _____ her room.

(2) タロウは将棋を指すのが好きです。

① Taro likes _____ *shogi*.

② Taro likes _____ _____ *shogi*.

(3) ケイトはフランス語を習い始めました。

① Kate started _____ French.

② Kate started _____ _____ French.

(4) 私の母は料理をするのが大好きです。

① My mother loves _____ .

② My mother loves _____ _____ .

3 〈動名詞と不定詞の使い分け〉 🔑重要

次の文の（　　）内から適当な語句を選び，〇で囲みなさい。

(1) We enjoyed (to play / playing) cards.

(2) The mother held the baby, and he stopped (to cry / crying).

(3) I wanted (to visit / visiting) him after school.

(4) She hopes (to go / going) to Australia.

(5) Did Mike finish (to read / reading) the book?

(6) I wish (to see / seeing) your teacher.

(7) Ken decided (to study / studying) abroad.

4 〈いろいろな表現〉

次の日本文の意味を表すように，＿＿＿に適当な1語を入れなさい。

(1) 今週末，スキーに行きましょう。

Let's ＿＿＿＿＿＿＿＿ ＿＿＿＿＿＿＿＿ this weekend.

(2) 彼女は昨日，お母さんと買い物に行きました。

She ＿＿＿＿＿＿＿＿ ＿＿＿＿＿＿＿＿ with her mother yesterday.

(3) 私が彼の部屋に入ったとき，彼はその歌を歌うのをやめました。

When I entered his room, he ＿＿＿＿＿＿＿＿ ＿＿＿＿＿＿＿＿ the song.

(4) 明日，あなたと釣りに行きたいです。

I want ＿＿＿＿＿＿＿＿ ＿＿＿＿＿＿＿＿ ＿＿＿＿＿＿＿＿ with you tomorrow.

(5) 私は今朝ユカに電話をかけ忘れました。

I ＿＿＿＿＿＿＿＿ ＿＿＿＿＿＿＿＿ call Yuka this morning.

ヒント

1 動名詞は〈動詞の原形＋-ing〉で表す。語尾が〈子音字＋e〉のときは，eをとって -ing (make → making, take → taking)，〈短母音＋子音字〉で終わる1音節の語などは語尾の子音字を重ねて -ing (put → putting, swim → swimming) をつけるなど，動詞の原形に -ing をつけるときに語尾が変化する場合があるので注意する。

2 begin, like, start, love は不定詞と動名詞の両方を目的語にとる動詞。

3 動詞には不定詞を目的語にとるものと，動名詞を目的語にとるものがある。(2) stop -ing と stop to ～ では意味が異なる。

➡ play cards トランプをする　held[héld ヘルド] hold (～を手に持つ) の過去形

4 「～しに行く」は go -ing で表す。

1 ⚠ ミス注意
次の日本文の意味を表すように，＿＿に適当な1語を入れなさい。

(1) 外は寒くて，雪が降りはじめました。

It was cold outside and started ＿＿＿＿＿＿.

(2) あなたに会いに，またここに戻ってこれたらと思います。

I hope ＿＿＿＿＿＿ ＿＿＿＿＿＿ back here to see you again.

(3) そこで動物たちの写真をとったのを覚えていません。

I don't remember ＿＿＿＿＿＿ ＿＿＿＿＿＿ of animals there.

(4) 彼は帰る途中で星を見るために立ち止まりました。

He stopped ＿＿＿＿＿＿ ＿＿＿＿＿＿ the stars on his way home.

(5) 私たちは先月，山にキャンプに行きました。

We ＿＿＿＿＿＿ ＿＿＿＿＿＿ in the mountains last month.

(6) あなたにもう一度会えるのを楽しみにしています。

I'm looking forward ＿＿＿＿＿＿ ＿＿＿＿＿＿ you again.

(7) 映画に行きませんか。

＿＿＿＿＿＿ about ＿＿＿＿＿＿ to the movies?

2 次の各組の2文がほぼ同じ内容を表すように，＿＿に適当な1語を入れなさい。

(1) They swam in the river and had a good time.

They enjoyed ＿＿＿＿＿＿ in the river.

(2) We went to the mountain to climb.

We went ＿＿＿＿＿＿ in the mountain.

(3) She plays the piano very well.

She is very good at ＿＿＿＿＿＿ the piano.

(4) I like to take pictures.

I am fond of ＿＿＿＿＿＿ pictures.

(5) Playing the piano is fun for me.

It is fun for me ＿＿＿＿＿＿ ＿＿＿＿＿＿ the piano.

(6) To watch movies is interesting to her.

She is interested in ＿＿＿＿＿＿ movies.

3 🔌重要

次の日本文の意味を表すように，（　　）内の語句を並べかえなさい。

(1) 彼女に E メールを送るのを忘れてはいけません。

(to / e-mail / forget / must / you / an / not / send) to her.

_____ to her.

(2) 彼女はお母さんを手伝うためにトランプをするのをやめました。

(stopped / cards / playing / her / she / help / mother / to).

_____

(3) 次の日曜日にピクニックに行くのはどうですか。

(about / on / a picnic / how / next / Sunday / going)?

_____

(4) パーティーであなたにお会いできるのを楽しみにしています。

(forward / I / to / you / am / looking) at the party. (1 語不足)

_____ at the party.

(5) その店で新しいバッグを買いたいと思っています。

(new / I / want / a / bag) at the shop. (2 語不足)

_____ at the shop.

(6) パーティーに招待してくれてありがとうございます。

(for / me / thank / to / you / your party). (1 語不足)

_____

4 🏠がつく

次の日本文を英語になおしなさい。

(1) 彼には 1 杯のコーヒーを飲む時間がありませんでした。

He _____ of coffee.

(2) ナンシーはすぐに宿題を終えるでしょう。

Nancy will soon _____ .

(3) 彼は地図を見るために立ち止まりました。

_____ at the map.

(4) 私たちはお昼を食べるために，テレビを見るのをやめました。

We _____ .

◎制限時間**40**分
◎合格点**80**点
▶答え　別冊p.27

点

1 次の文の（　　）内に入れるのに適当な語句を選び，記号で答えなさい。〈2点×8〉

(1) Did you like (　　) the mountain?

　　ア　climb　　　　イ　climbed　　　ウ　to climb　　　エ　to climbing

(2) She enjoyed (　　) to music last Sunday.

　　ア　listen　　　　イ　to listen　　　ウ　listening　　　エ　to listening

(3) Can I have something cold (　　)?

　　ア　drink　　　　イ　to drink　　　ウ　drinking　　　エ　to drinking

(4) I'm sorry (　　) that I can't help you.

　　ア　say　　　　　イ　to say　　　　ウ　said　　　　エ　to saying

(5) Many people visit Tokyo (　　) the famous tower.

　　ア　see　　　　　イ　to seeing　　ウ　seen　　　　エ　to see

(6) Shall we go (　　) this afternoon?

　　ア　shopping　　イ　to shop　　　ウ　shops　　　　エ　to shopping

(7) Will you tell me (　　) get to the station?

　　ア　what to　　　イ　how to　　　ウ　where to　　　エ　which to

(8) It is a lot of fun (　　) soccer.

　　ア　play　　　　　イ　to play　　　ウ　playing　　　エ　played

(1)		(2)		(3)		(4)	
(5)		(6)		(7)		(8)	

2 次の文の（　　）内の語を適当な形にかえなさい。ただし，1語とはかぎりません。〈2点×5〉

(1) I wanted (go) to Canada, but I couldn't.

(2) She is good at (speak) English.

(3) He finished (play) the guitar.

(4) Jim went out (take) a walk.

(5) We had nothing (talk) about.

(1)		(2)		(3)	
(4)		(5)			

3 次の日本文の意味を表す英文になるように，（　　）内の語を並べかえなさい。　〈4点×3〉

(1) 私は釣りに行くために早く起きました。

(to / up / fishing / I / early / got / go).

(2) 彼女はあなたの国について知りたがっています。

(about / wants / your / to / she / country / know).

(3) 彼がこの質問に答えるのはとても難しいです。

(to / question / is / very / for / this / answer / difficult / it / him).

(1)	
(2)	
(3)	

4 次の日本文の意味を表す英文になるように，空所をうめなさい。　〈3点×4〉

(1) 私は夕食に何をつくったらいいかわかりませんでした。

I didn't know _____ for dinner.

(2) 彼女はピアノを弾くのをやめました。

She _____ the piano.

(3) 私はニュージーランドに行きたい。

I'd _____ to New Zealand.

(4) 窓を開けていただけませんか。

_____ the window?

(1)	
(2)	
(3)	
(4)	

5 次の各組の2文がほぼ同じ内容を表すように，＿＿に適当な1語を入れなさい。 〈2点×6〉

(1) Let's go skiing, shall we?

_____ about _____ skiing?

(2) Jane is free today.

Jane doesn't have _____ _____ do today.

(3) Ken didn't have any food yesterday.

Ken had _____ _____ eat yesterday.

(4) He continued to play the video game.

He didn't _____ _____ the video game.

(5) If you eat too much, you will be sick.

_____ too much _____ make you sick.

(6) Would you close the door?

Would _____ mind _____ the door?

(1)		(2)	
(3)		(4)	
(5)		(6)	

6 次の各文の下線部のうち，用法がほかの2つとちがうものを選び，記号で答えなさい。 〈2点×3〉

(1) ア She tried hard to become a teacher.

イ Sorry, I don't have time to listen to your story.

ウ He wrote down things to buy at the supermarket.

(2) ア Mary and I were studying together then.

イ A plane was flying high in the sky.

ウ My brother's job is training dogs.

(3) ア Ken studied hard to pass the test.

イ I didn't want to go to school that day.

ウ Lucy visited Kyoto to see her friend.

(1)		(2)		(3)	

7 次の日本文を，（　　）内の語句を用いて英語になおしなさい。　　〈4点×4〉

(1) 私には読むべき本がたくさんあります。(have, a lot of)

(2) 彼は，いっしょに昼食を食べるために私の家に来ました。(house, eat, together)

(3) 英語を話すことは，私にとって簡単ではありません。(speaking, easy)

(4) 私は，どちらを買えばよいか決めることができませんでした。(decide, buy)

(1)	
(2)	
(3)	
(4)	

8 次の英文を日本語になおしなさい。　　〈4点×4〉

(1) Going out alone at night is dangerous.

(2) What would you like to eat for lunch?

(3) It will be very difficult for them to win the game.

(4) My father stopped smoking when he was 35 years old.

(1)	
(2)	
(3)	
(4)	

13 比較(1)

■ 重要ポイント ■

① 形容詞の比較級・最上級

☐ **比較級のつくり方 (-er)**

> 原級を強めて「とても」は very，比較級を強めて「ずっと」は much を使う。

- ふつうは -er をつける：old → old**er**
- e で終わる語は -r だけつける：large → larg**er**
- 〈子音字＋y〉は y を i にして -er をつける：easy → eas**ier**
- 〈短母音＋子音字〉は子音字を重ねて -er をつける：big → big**ger**

☐ **〈A is＋形容詞の比較級＋than B〉「A は B よりも～」**

> Jim is **taller than** Ken.（ジムはケンより背が高いです）

☐ **最上級のつくり方 (-est)**

> -ful，-ous で終わる形容詞，-ly で終わる副詞の比較級は more ～，最上級は most ～ の形。

- ふつうは -est をつける：old → old**est**
- e で終わる語は -st だけつける：large → larg**est**
- 〈子音字＋y〉は y を i にして -est をつける：easy → eas**iest**
- 〈短母音＋子音字〉は子音字を重ねて -est をつける：big → big**gest**

☐ **〈A is the＋形容詞の最上級＋of[in] ～〉「A は～の中でいちばん…」**

3つ以上のものや人を比べて，「A は～の中でいちばん…」という表現。「～の中で」は〈of＋複数を表す語 (句)〉，〈in＋場所・範囲を表す語 (句)〉の形になる。

> Yumi is **the shortest** of the three.
>
> （ユミは3人の中でいちばん背が低いです）

> あとに名詞がつかない場合も最上級には the がつく。

> Mr. Sato is **the youngest** teacher in this school.
>
> （サトウ先生はこの学校でいちばん若い先生です）

☐ **つづりが長い語の比較級 (more) と最上級 (most)**

- つづりの長い語の比較級は前に **more** をつける：popular → **more** popular
- つづりの長い語の最上級は前に **most** をつける：popular → **most** popular

② 副詞の比較級・最上級

☐ **〈A＋動詞＋副詞の比較級＋than B〉「A は B より…に～する」**

> I can run **faster** than Bob.（私はボブより速く走ることができます）

☐ **〈A＋動詞＋(the＋) 副詞の最上級＋of [in] ～〉「A は～の中でいちばん…に～する」**

> Mika came home (**the**) **earliest** of all.（ミカは全員の中でいちばん早く帰宅しました）

● 2つのものや人を比べて「…より～」は，〈比較級＋ than …〉の形。
● 3つ以上のものや人を比べて「～の中でいちばん…」は，〈(the ＋) 最上級＋of[in] ～〉の形。
● 長い単語は，前に more, most をつけて比較級・最上級をつくる。

ポイント 一問一答

① 形容詞の比較級・最上級

次の英文の (　　) 内の正しいものを○で囲みなさい。

☐ (1) Tom is (young / younger) than my brother.

☐ (2) Jim is (old / older) than Meg.

☐ (3) This apple is (bigger / big) than that apple.

☐ (4) This book is (more popular / popular) than that book.

☐ (5) Mike is the (tallest / taller) in our class.

☐ (6) This rice ball is the biggest (in / of) the five.

☐ (7) Tokyo is (larger / the largest) city in Japan.

☐ (8) This picture is the (most of / most) beautiful.

☐ (9) My hair is (longer / the longest) of my sisters.

☐ (10) She is (busier / busiest) than yesterday.

② 副詞の比較級・最上級

次の英文の (　　) 内の正しいものを○で囲みなさい。

☐ (1) Bob can run (faster / fastest) than David.

☐ (2) My father usually gets up (earlier / earliest) than my mother.

☐ (3) Mary jumped (highest / higher than) in our class.

☐ (4) She answered the question (more / the most) quickly in my class.

☐ (5) I woke up (later / latest) than my brother.

☐ (6) She studies (hardest / harder) of us all.

☐ (7) I can watch TV (the most / more) clearly with glasses.

☐ (8) This question is (easier / the easiest) than that one.

---

① (1) younger　(2) older　(3) bigger　(4) more popular　(5) tallest　(6) of
　(7) the largest　(8) most　(9) the longest　(10) busier
② (1) faster　(2) earlier　(3) highest　(4) the most　(5) later　(6) hardest
　(7) more　(8) easier

▶答え　別冊p.29

1 〈比較級・最上級のつくり方〉
次の語の比較級・最上級を書きなさい。

〔比較級〕　　　　　　　　　　　　　　　　〔最上級〕

(1) small _____ _____

(2) large _____ _____

(3) pretty _____ _____

(4) big _____ _____

(5) tall _____ _____

(6) short _____ _____

(7) interesting _____ _____

(8) beautiful _____ _____

(9) slowly _____ _____

(10) early _____ _____

2 〈比較級・最上級の用法①〉 重要
次の文の (　　) 内から適当な語句を選び，〇で囲みなさい。

(1) Okinawa is (hot / hotter / hottest) than Hokkaido today.

(2) London is the (big / bigger / biggest / most big) city (in / of / than) England.

(3) This singer is the (much / more / better / most) popular among us.

(4) Nick can swim (fast / faster / the fastest) (in / than / of) all the boys in our class.

3 〈比較級・最上級の用法②〉
右の絵に合うように，____ に適当な 1 語を入れなさい。

(1) The building is the _____ of all.

(2) The house is _____ than the tree.

(3) The building is _____ than the tree.

(4) The building is _____ taller than the house.

4 〈比較級・最上級の文①〉
次の日本文の意味を表すように，＿＿＿に適当な1語を入れなさい。

(1) ケンはミカよりも一生懸命にテニスの練習をします。

Ken practices tennis ＿＿＿＿＿＿ ＿＿＿＿＿＿ Mika.

(2) 日本でいちばん長い川は信濃川です。

The ＿＿＿＿＿＿ ＿＿＿＿＿＿ in Japan is the Shinano River.

(3) この質問がすべての中でいちばん難しいです。

This question is the ＿＿＿＿＿＿ difficult ＿＿＿＿＿＿ all.

5 〈比較級・最上級の文②〉 ⚠ ミス注意
次の日本文の意味を表すように，（　　）内の語句を並べかえなさい。

(1) この問題はあの問題よりも簡単です。

(easier / that one / question / is / this / than).

＿＿＿＿＿＿＿＿＿＿＿＿＿＿＿＿＿＿＿＿＿＿＿＿

(2) 彼は世界でいちばん有名なピアニストです。

(in / famous / is / he / most / the / pianist) the world.

＿＿＿＿＿＿＿＿＿＿＿＿＿＿＿＿ the world.

(3) 昨日，私の父は私の母よりも早く帰宅しました。

(my father / home / came / than / earlier / my mother) yesterday.

＿＿＿＿＿＿＿＿＿＿＿＿＿＿＿＿ yesterday.

(4) 私の兄はマイよりもずっと背が高いです。

(is / than / my brother / taller / much) Mai.

＿＿＿＿＿＿＿＿＿＿＿＿＿＿＿＿ Mai.

 ヒント

1 more，most を用いるつづりの長い単語と，-ly で終わる副詞に注意する。
　▶ interesting[ínt(ə)rəstiŋ インタレスティング] おもしろい　slowly[slóuli スロウリィ] ゆっくり
2 the と than に注意する。
　▶ among[əmʌ́ŋ アマング] ～の間で
3 いちばん高い (high [tall]) のはビル，いちばん低い (low) のは家。
4 日本文から比較級を使うのか，最上級を使うのかを考える。
　▶ practice[prǽktis プラクティス] ～を練習する
5 比較級の文の並べかえでは，名詞を2つさがして1つを主語にし，もう1つを than のあとに置く。
　▶ famous[féiməs フェイマス] 有名な

1 **⊕重要**
次の各組の2文がほぼ同じ内容を表すように，＿＿に適当な1語を入れなさい。

(1) Mr. Tanaka is older than my father.

My father is ＿＿＿＿＿＿ than Mr. Tanaka.

(2) Jim is taller than Ken. Mike is taller than Jim.

Mike is the ＿＿＿＿＿ ＿＿＿＿＿ the three.

(3) Don't speak so fast, please.

Please speak ＿＿＿＿＿ ＿＿＿＿＿ .

(4) This exam was easier than that one.

That exam was more ＿＿＿＿＿ than this one.

(5) Miki arrived at the park later than Cindy.

Cindy arrived at the park ＿＿＿＿＿ than Miki.

(6) He can run fastest in his class.

He is the ＿＿＿＿＿ ＿＿＿＿＿ in his class.

2 **⚠ミス注意**
次の日本文の意味を表すように，（　　）内の語句を並べかえなさい。

(1) 私のイヌはあなたのイヌよりも2歳年上です。

(dog / my / two / is / older / years / yours / than).

＿＿＿＿＿＿＿＿＿＿＿＿＿＿＿＿＿＿＿＿＿＿＿＿＿＿

(2) これがこの世界でいちばん硬い石ですか。

(stone / this / the / hardest / is) in the world?

＿＿＿＿＿＿＿＿＿＿＿＿＿＿＿＿＿＿＿＿ in the world?

(3) このぼうしが私たちのお店ではいちばん小さいです。

(is / this hat / in / the / smallest) our shop.

＿＿＿＿＿＿＿＿＿＿＿＿＿＿＿＿＿＿＿＿＿ our shop.

(4) この箱はほかの箱よりもはるかに重いです。

(heavier / box / than / this / much / is) the other boxes.

＿＿＿＿＿＿＿＿＿＿＿＿＿＿＿＿＿＿＿ the other boxes.

3 次の日本文の意味を表すように，＿＿に適当な1語を入れなさい。

(1) これらはこの庭園でいちばん美しい花です。

These are the ＿＿＿＿＿ ＿＿＿＿＿ flowers in this garden.

(2) 2月はすべての中でいちばん短い月です。

February is the ＿＿＿＿＿ month of ＿＿＿＿＿.

(3) 時間よりもお金のほうが重要ですか。

Is money ＿＿＿＿＿ ＿＿＿＿＿ than time?

(4) あなたの手は私よりもずっと冷たいです。

Your hands are ＿＿＿＿＿ ＿＿＿＿＿ than mine.

(5) ジムはケイトより2か月早く生まれました。

Jim was born ＿＿＿＿＿ months ＿＿＿＿＿ than Kate.

4 差がつく
次の英文を日本語になおしなさい。

(1) This doll is very pretty, but that doll is much prettier.

(　　　　　　　　　　　　　　　　　　　　　　　　　　　　　)

(2) My grandfather is five years older than my grandmother.

(　　　　　　　　　　　　　　　　　　　　　　　　　　　　　)

(3) This book is much more interesting than that one.

(　　　　　　　　　　　　　　　　　　　　　　　　　　　　　)

(4) Is the *cheetah the fastest animal in the world?　　　　　　*cheetah　チーター

(　　　　　　　　　　　　　　　　　　　　　　　　　　　　　)

5 次の日本文を，（　　）内の語句を用いて英語になおしなさい。ただし，（　　）内の語句は必要に応じて適当な形になおすこと。

(1) 私は日本でいちばん古いお寺を見たいです。(want to，old，temple)

＿＿＿＿＿＿＿＿＿＿＿＿＿＿＿＿＿＿＿＿＿＿＿＿＿＿＿＿＿＿＿＿＿＿＿＿＿

(2) 私たちの間では，この本のほうがあの本よりも人気があります。(book，among)

＿＿＿＿＿＿＿＿＿＿＿＿＿＿＿＿＿＿＿＿＿＿＿＿＿＿＿＿＿＿＿＿＿＿＿＿＿

(3) もっとゆっくり運転してください。(drive)

＿＿＿＿＿＿＿＿＿＿＿＿＿＿＿＿＿＿＿＿＿＿＿＿＿＿＿＿＿＿＿＿＿＿＿＿＿

14 比較(2)

重要ポイント

① Which などで始まる比較の疑問文

☐ **Which[Who] is＋比較級，A or B?「A と B では，どちらが～か」**

　　Who is **younger**, Ken or Bill?（ケンとビルではどちらが若いですか）

☐ **Which[Who] is ＋最上級～ of[in]...?「…の中でどれがいちばん～か」**

　　Which is **the most popular** program of all?

　（すべての中でどれがいちばん人気のある番組ですか）

② 不規則変化の比較級・最上級

☐ **better, best など**

　　比較級・最上級には語形そのものが
　　変化するものがある。

> like A better than B（B より A のほうが好きだ）
> like A (the) best of ～
> （～の中で A がいちばん好きだ）

原級	比較級	最上級
good（よい），well（じょうずに）	**better**	**best**
many（多数の），much（多量の）	**more**	**most**

　　This camera is **better than** that one.

　（このカメラはあのカメラよりよい）

> 〈one of the＋最上級〉（いちばん～のうちのひとつ）
> 〈比較級＋than any other＋単数名詞〉
> （ほかのどの～よりも）

③ as ～ as ... の文

☐ **〈as＋形容詞〔副詞〕＋as ...〉「…と同じくらい～」**

　　2つのものや人を比べて，「A は B と同じくらい
　　～」と言うときは，〈A＋動詞＋as＋形容詞〔副
　　詞〕＋as B〉の形で表す。

　　I can swim **as fast as** Tom.

　（私はトムと同じくらい速く泳げます）

> 形容詞に名詞がつくこともある。
> I have as many CDs as Ken.
> （私はケンと同じくらいたくさん
> の CD を持っています）

☐ **〈not as ～ as ...〉「…ほど～でない」**

　　2つのものや人を比べて，「A は B ほど～ではな
　　い」と言うときは，〈A＋動詞＋not as＋形容詞
　　[副詞]＋as B〉の形で表す。

　　This river is **not as long as** that one.

　（この川はあの川ほど長くありません）

> 〈数字＋times as ～ as ...〉
> 　　　　（…の—倍の～）
> This box is three times as
> big as that one.
> （この箱はあれより3倍大きい）

◉不規則変化の比較級・最上級に注意しよう。
◉「…と同じくらい〜」は，〈as＋原級＋as …〉の形で表す。
◉〈not as＋原級＋as …〉は，「…ほど〜ではない」の意味。

ポイント 一問一答

① Which などで始まる比較の疑問文

次の英文の（　　）内の正しいものを○で囲みなさい。

□ (1) Which is (higher / high), Mt. Fuji or Mt. Everest?

□ (2) Who is the (tallest / taller) in this class?

□ (3) Who is the (younger than / youngest) of the five?

□ (4) Who runs (the fastest / faster), Akari or Yuri?

□ (5) Which is (more / the most) famous theater of all?

② 不規則変化の比較級・最上級

次の英文の（　　）内の正しいものを○で囲みなさい。

□ (1) He can speak English (well / better) than I.

□ (2) My scores are (good / better) than yours.

□ (3) I have (more / many) books than you.

□ (4) This library has the (more / most) books in our town.

□ (5) Which do you like (better / in), rice or bread?

③ as 〜 as … の文

次の英文の（　　）内の正しいものを○で囲みなさい。

□ (1) Mary is as (prettier / pretty) as the singer.

□ (2) She is not (as old / older than) as you.

□ (3) I can't eat as (many / much) apples as you.

□ (4) Our club has as (many / much) members as yours.

□ (5) I can run as (faster than / fast as) Yuna.

□ (6) I don't want to sleep as (more / much) as cats.

答

① (1) higher　(2) tallest　(3) youngest　(4) faster　(5) the most
② (1) better　(2) better　(3) more　(4) most　(5) better
③ (1) pretty　(2) as old　(3) many　(4) many　(5) fast as　(6) much

1 〈as ~ as の用法，疑問詞で始まる比較の疑問文〉 **重要**
次の文の（　　）内から適当な語句を選び，○で囲みなさい。

(1) I am (very / the / as) old as you.

(2) This box is as (heavy / heavier / the heaviest) as that one.

(3) Are you as tall (as / of / in) your father?

(4) Which do you like (better / best / well), meat or fish?
　　— I like meat better.

(5) Who is (well / better / the best) tennis player in your club?
　　— Jack is.

2 〈比較の文の書きかえ①〉
次の各組の2文がほぼ同じ内容を表すように，＿＿＿に入る適当な語句を選び，記号で答えなさい。

(1) My mother is not as tall as my father.
　　My father is ＿＿＿＿＿＿ my mother.
　　ア　taller than　　　　　イ　as tall as　　　　　ウ　the tallest

(2) Mary can sing songs the best of all.
　　Mary is ＿＿＿＿＿ of all.
　　ア　singing better than　イ　a better singer　　ウ　the best singer

(3) Jim can speak Japanese. He is the best Japanese speaker in our class.
　　Jim can speak Japanese ＿＿＿＿＿＿ in our class.
　　ア　better than　　　　　イ　the best　　　　　ウ　as well as

(4) Bob can't play tennis as well as John.
　　John can play tennis ＿＿＿＿＿ Bob.
　　ア　better than　　　　　イ　as much as　　　　ウ　the best of

(5) Vegetables are better for your health than sweets.
　　Sweets are not ＿＿＿＿＿＿ for your health as vegetables.
　　ア　better than　　　　　イ　as good　　　　　ウ　the best

(6) I like math better than English.
　　I ＿＿＿＿＿＿ as much as math.
　　ア　like English　　　　イ　don't like English　ウ　like English best

3 〈比較の文の書きかえ②〉 🔘重要

次の各組の2文がほぼ同じ内容を表すように，＿＿＿に適当な1語を入れなさい。

(1) Lucy can play the piano better than you.

You ＿＿＿＿＿＿ play the piano as well ＿＿＿＿＿＿ Lucy.

(2) Masao reads more books than my father.

My father doesn't read as ＿＿＿＿＿＿ ＿＿＿＿＿＿ as Masao.

(3) This flower is not as beautiful as that one.

＿＿＿＿＿＿ flower is more beautiful than ＿＿＿＿＿＿ one.

(4) Nancy gets up earlier than Susan.

Susan doesn't get up ＿＿＿＿＿＿ ＿＿＿＿＿＿ ＿＿＿＿＿＿ Nancy.

4 〈like ～ better, like ～ best の文〉

次の日本文の意味を表すように，＿＿＿に適当な1語を入れなさい。

(1) あなたは何色がいちばん好きですか。

＿＿＿＿＿＿ color do you like ＿＿＿＿＿＿？

(2) 私はネコよりイヌのほうが好きです。

I like dogs ＿＿＿＿＿＿ ＿＿＿＿＿＿ cats.

(3) ケンはすべての教科の中で英語がいちばん好きです。

Ken likes English ＿＿＿＿＿＿ ＿＿＿＿＿＿ all the subjects.

(4) あなたは野球とサッカーではどちらが好きですか。

＿＿＿＿＿＿ do you like better, baseball ＿＿＿＿＿＿ football?

ヒント

1 (1)～(3) as があることに注目する。

2 元の文の意味をよく考えること。 (1)「A は B ほど～ではない」は「B のほうが A よりも～だ」と同じ。
➡ speaker[spíːkər スピーカァ] 話す人　health[hélθ ヘルス] 健康　sweets[swíːts スウィーツ] お菓子

3 (4)「ナンシーほど早くは起きない」と考える。

4 (1)(4) 疑問詞に注意。
➡ football[fútbɔːl フトゥボール] (英) サッカー，(米) アメリカンフットボール

1 ⚠ミス注意
次の各組の２文がほぼ同じ内容を表すように，＿＿＿に適当な１語を入れなさい。

(1) Your bag is prettier than mine.

My bag is not ＿＿＿＿＿ ＿＿＿＿＿ ＿＿＿＿＿ yours.

(2) Mike is young. Ken is young, too. They are the same age.

Mike is ＿＿＿＿＿ ＿＿＿＿＿ ＿＿＿＿＿ Ken.

(3) John is the tallest of all the boys in his class.

John is taller than ＿＿＿＿＿ ＿＿＿＿＿ ＿＿＿＿＿ in his class.

(4) This book is not as easy as that one.

This book is ＿＿＿＿＿ ＿＿＿＿＿ than that one.

(5) Who can run fastest of the six?

Who is ＿＿＿＿＿ ＿＿＿＿＿ ＿＿＿＿＿ of the six?

(6) Ken can speak English better than I.

I ＿＿＿＿＿ speak English as ＿＿＿＿＿ as Ken.

(7) Nana and Naomi play the piano well. Kumi plays the piano better than Nana and Naomi.

Kumi is the ＿＿＿＿＿ pianist ＿＿＿＿＿ the three.

(8) Soccer is my favorite sport.

I like soccer the ＿＿＿＿＿ of ＿＿＿＿＿ sports.

2 次の日本文の意味を表すように，＿＿＿に適当な１語を入れなさい。

(1) それは私たちの間でいちばん人気がある歌の１つです。

It is ＿＿＿＿＿ of the most popular ＿＿＿＿＿ among us.

(2) この教会はこの町のほかのどの建物よりも高いです。

This church is taller than ＿＿＿＿＿ ＿＿＿＿＿ building in this town.

(3) この箱はあの箱の３倍の重さがあります。

This box is ＿＿＿＿＿ ＿＿＿＿＿ as heavy as that one.

(4) ますます暑くなっています。

It is getting ＿＿＿＿＿ ＿＿＿＿＿ ＿＿＿＿＿ .

(5) ヨウコとマリとではどちらが年上ですか。

＿＿＿＿＿ is ＿＿＿＿＿ , Yoko or Mari?

3 次の日本文の意味を表すように，（　　）内の語句を並べかえなさい。

⑴ 私の息子は家族の中でいちばんたくさん食べます。

(my / my / son / family / eats / in / most).

_____

⑵ その３つの国の中でいちばん大きいのはどれですか。

(three / largest / countries / which / is / the / the / of)?

_____

⑶ 私はあなたほどたくさん時計を持っていません。

(I / as / have / many / watches / don't / you / as).

_____

⑷ 彼女は私の５倍の数の本を持っています。

(I have / five / as / as / times / many / books / she has).

_____

4 英文を読んで，質問に英語で答えなさい。

⑴ Nancy is 15 years old. Her sister is 17 years old. Her brother is only 10.

　　No.1：Who is the youngest of the three?

Answer：_____

　　No.2：How many years is Nancy's sister older than her brother?

Answer：She is _____ him.

⑵ Tom is 170 centimeters tall, and 5 centimeters taller than Mike. Jim is 3 centimeters taller than Tom.

　　No.1：Who is the tallest of the three?

Answer：_____

　　No.2：How tall is Jim?

Answer：_____

⑶ Group A has 10 students. Group B has 15 students. Group C has as many students as Group A.

　　No.1：How many students does the biggest group have?

Answer：_____

　　No.2：How many students does Group C have?

Answer：_____

実力アップ問題

1 次の文の（　）内に入れるのに適当な語句を選び，記号で答えなさい。　　　〈2点×10〉

(1) This movie is (　　) interesting than that one.

　　ア　much　　　　　イ　much more　　ウ　very　　　　　エ　very more

(2) Ken can run (　　) all.

　　ア　as faster as　　イ　the faster of　　ウ　the fastest　　エ　the fastest of

(3) Which is (　　) computer of all?

　　ア　cheaper　　　イ　the cheapest　　ウ　as cheap as　　エ　more cheap

(4) This picture is (　　) famous than that one.

　　ア　more　　　　イ　very　　　　ウ　best　　　　エ　well

(5) Could you show me (　　) camera in this shop?

　　ア　the most expensive　　　　　イ　more expensive

　　ウ　much bigger than　　　　　　エ　as big as this

(6) Which do you (　　), tea or coffee?

　　ア　like better　　イ　like much　　ウ　like most　　エ　like as well

(7) Who has (　　) knowledge about the history of that country?

　　ア　many　　　　イ　better than　　ウ　as well as　　エ　the best

(8) Mary has (　　) I do.

　　ア　as three times as many CDs　　イ　three as times many CDs as

　　ウ　three times as many CDs as　　エ　as many three times CDs as

(9) This is (　　) most popular restaurants in Okinawa.

　　ア　one the of　　イ　one of the　　ウ　of one the　　エ　of the one

(10) My father is (　　) in my family.

　　ア　taller　　　　イ　the tallest　　ウ　as tall as　　エ　more tall

(1)		(2)		(3)		(4)		(5)	
(6)		(7)		(8)		(9)		(10)	

2 次の日本文の意味を表すように，(   ) 内の語句を並べかえなさい。 〈3点×5〉

(1) 私は昨日より今日のほうがずっと気分がよいです。

    I (better / yesterday / feel / than / today / much).

(2) その木はジェーンの3倍も背が高い。

    (as / Jane / is / three / as / the tree / times / tall).

(3) あなたの学校で，だれがいちばん人気のある先生ですか。

    (in / the / who / your / popular / is / most / teacher / school)?

(4) 好きなだけたくさん食べてください。

    (as / like / as / much / eat / you / please).

(5) できるだけ一生懸命英語を勉強しなきゃだめだよ。

    (you / study / try / can / hard / to / as / as / English).

(1)	
(2)	
(3)	
(4)	
(5)	

3 次の日本文を (   ) 内の語句を用いて英語になおしなさい。ただし，(   ) 内の語句は必要に応じて適当な形になおすこと。 〈4点×4〉

(1) 私はあなたよりも10センチメートル背が高いです。(be, centimeter, tall)

(2) 彼女は日本でいちばん有名なピアニストの1人です。(be, one, famous)

(3) ナイル川は世界のどの川よりも長い。(the Nile, long, other)

(4) あなたのクラスのすべての男子の中で，いちばん速く走るのはだれですか。(all, fast, who)

(1)	
(2)	
(3)	
(4)	

4 次の各組の２文がほぼ同じ内容を表すように，＿＿＿に適当な１語を入れなさい。　　〈3点×6〉

(1) Your camera is better than mine.

My camera is not as ＿＿＿＿＿ as ＿＿＿＿＿.

(2) I have five pencils. Jim has five pencils, too.

I have ＿＿＿＿＿ ＿＿＿＿＿ pencils ＿＿＿＿＿ Jim.

(3) Tokyo is the biggest city in Japan.

Tokyo is ＿＿＿＿＿ than any other ＿＿＿＿＿ in Japan.

(4) Tom can run fastest of all the students.

Tom can run faster than ＿＿＿＿＿ ＿＿＿＿＿ student.

(5) Yumi is very good at playing the piano. I'm very good at it, too.

I can play the piano ＿＿＿＿＿ ＿＿＿＿＿ as Yumi.

(6) I have two sisters and they are older than I.

I am the youngest ＿＿＿＿＿ ＿＿＿＿＿ three sisters.

(1)			(2)		
(3)			(4)		
(5)			(6)		

5 次の英文を日本語になおしなさい。　　〈4点×4〉

(1) Will you come to school as early as you can tomorrow morning?

(2) Does the *Shinkansen* run faster than any other train in Japan?

(3) Baseball is one of the most popular sports in Japan.

(4) Bob is taller than any other student in his class.

(1)	
(2)	
(3)	
(4)	

6 田中さんは,「日曜日におもに何をするか」というテーマでクラスの生徒にアンケート調査をしました。その結果を下のように表にまとめ,それをもとに英語でスピーチをするための原稿を書きました。英文中の(1)〜(5)に入る最も適当な英語を1語ずつ書きなさい。　　〈3点×5〉

[表]

項目	人数	スピーチに加えたい情報
スポーツ	15人	男子の間ではサッカーがいちばん人気 女子の間ではサッカーよりテニスが人気
家で勉強	11人	宿題が多いので忙しい
手伝い	5人	たとえば,家のそうじや夕飯の買い物
趣味	4人	私もその1人で,音楽を聞くのが好き ギターを弾く生徒が1人いる

[原稿]

How do you usually spend time on Sunday? Fifteen students say that they play sports. Among the boys, soccer is the (　(1)　) popular sport of all. Among the girls, tennis is (　(2)　) popular (　(3)　) soccer. Eleven students study at home. They say that they are busy because they have a lot of homework. There are five students. They help their families. For example, some students clean their houses. Other students go (　(4)　) for dinner. Four students say that they enjoy their *hobbies. I am one of them, and I like (　(5)　) to music. One student plays the guitar.

*hobbies　hobby（趣味）の複数形

(1)		(2)		(3)	
(4)		(5)			

15 受け身

① 受け身の形

□ 過去分詞のつくり方

規則動詞の過去分詞は過去形と同じ形だが，不規則動詞は動詞によって異なる。

write（書く）→ **written**，make（つくる）→ **made** など

□ 〈be 動詞＋過去分詞〉「～される[されている]」

受け身の文は，〈be 動詞＋過去分詞（＋by～）〉で表す。「～によって」は〈by＋行為者〉で表す。

> by のあとに代名詞がくるときは，me, him などの目的格を使う。

This desk **is used** by Ken.（この机はケンに使われています）

be 動詞は，主語の人称と数，時制によって使い分ける。

This song **was sung by** him yesterday.（この歌は昨日，彼によって歌われました）

These pictures **were painted by** her.（これらの絵は彼女によってかかれました）

This picture **will be painted by** her tomorrow.

（この絵は明日，彼女によってかかれるでしょう）

② 受け身の否定文・疑問文

□ 受け身の否定文＝〈be 動詞＋not＋過去分詞〉

English **is not spoken** in the country.（英語はその国では話されていません）

□ 受け身の疑問文＝〈Be 動詞＋主語＋過去分詞～?〉

Is the store **opened** at ten?

（その店は10時に開店するのですか）

— Yes, it **is**.（はい，開店します）

— No, it **isn't**.（いいえ，開店しません）

> 疑問詞が主語の受け身の疑問文は，肯定文と同じ語順になる。
> What language is used in your country?
> （あなたの国では何語が使われていますか）

③ by 以外の前置詞を使う受け身

□ 慣用的に by 以外の前置詞を使う受け身

be interested in ～（～に興味がある），be surprised at ～（～に驚く），

be pleased with ～（～が気に入っている），be filled with ～（～でいっぱいである），

be covered with ～（～でおおわれている），be known to ～（～に知られている），

be made of[from] ～（～〔材料[原料]〕でつくられる）

ポイント 一問一答

① 受け身の形

次の英文の（　　　）内の正しいものを○で囲みなさい。

□ (1) This song is (loved / loving) by young people.

□ (2) That chair was (made / make) by Taro.

□ (3) This picture was (taken / took) by my father.

□ (4) This story was written by (she / her).

② 受け身の否定文・疑問文

次の英文の（　　　）内の正しいものを○で囲みなさい。

□ (1) He (wasn't / didn't) invited to the party.

□ (2) (Does / Is) this seat taken?

□ (3) The door (doesn't / wasn't) locked.

□ (4) What language (is / does) spoken in this country?

③ by 以外の前置詞を使う受け身

次の英文の（　　　）内の正しいものを○で囲みなさい。

□ (1) I'm interested (at / in) Japanese culture.

□ (2) He was pleased (with / on) the good news.

□ (3) She is known (for / to) everyone in this town.

□ (4) The room was filled (with / of) students.

□ (5) The garden is covered (with / in) beautiful flowers.

□ (6) The butter is made (from / of) milk.

□ (7) Some coins are made (from / of) gold.

□ (8) My mother was surprised (with / at) the news.

答　① (1) loved　(2) made　(3) taken　(4) her
② (1) wasn't　(2) Is　(3) wasn't　(4) is
③ (1) in　(2) with　(3) to　(4) with　(5) with　(6) from　(7) of　(8) at

1 〈過去分詞〉 ⚠ ミス注意
次の動詞の過去分詞を書きなさい。

(1) like ＿＿＿＿＿＿＿ (2) open ＿＿＿＿＿＿＿

(3) make ＿＿＿＿＿＿＿ (4) give ＿＿＿＿＿＿＿

(5) write ＿＿＿＿＿＿＿ (6) speak ＿＿＿＿＿＿＿

(7) cut ＿＿＿＿＿＿＿ (8) take ＿＿＿＿＿＿＿

(9) read ＿＿＿＿＿＿＿ (10) send ＿＿＿＿＿＿＿

(11) know ＿＿＿＿＿＿＿ (12) sell ＿＿＿＿＿＿＿

(13) buy ＿＿＿＿＿＿＿ (14) come ＿＿＿＿＿＿＿

2 〈受け身の文〉
次の日本文の意味を表すように，（　　）内の語を適当な形になおし，英文を完成しなさい。

(1) その歌手は多くの子どもに愛されています。(love)

The singer ＿＿＿＿＿＿＿ ＿＿＿＿＿＿＿ by many children.

(2) その歌がケンによって演奏されました。(play)

The song ＿＿＿＿＿＿＿ ＿＿＿＿＿＿＿ by Ken.

(3) これらの部屋は私の母によって毎日そうじされています。(clean)

These rooms ＿＿＿＿＿＿＿ ＿＿＿＿＿＿＿ by my mother every day.

(4) それらの本は私のおじによって書かれました。(write)

Those books ＿＿＿＿＿＿＿ ＿＿＿＿＿＿＿ by my uncle.

3 〈受け身の疑問文・否定文〉
次の文を（　　）内の指示にしたがって書きかえなさい。

(1) The park was visited by many people last year.（疑問文に）

＿＿＿＿＿＿＿＿＿＿＿＿＿＿＿＿＿＿＿＿＿＿＿＿＿＿＿＿＿

(2) The letter was sent to Mary yesterday.（否定文に）

＿＿＿＿＿＿＿＿＿＿＿＿＿＿＿＿＿＿＿＿＿＿＿＿＿＿＿＿＿

(3) Those books are sold all over the world.（否定文に）

＿＿＿＿＿＿＿＿＿＿＿＿＿＿＿＿＿＿＿＿＿＿＿＿＿＿＿＿＿

(4) These machines are used in many factories.（疑問文に）

＿＿＿＿＿＿＿＿＿＿＿＿＿＿＿＿＿＿＿＿＿＿＿＿＿＿＿＿＿

4 〈ふつうの文⇔受け身の書きかえ〉 ⊷●重要

次の各組の2文がほぼ同じ内容を表すように, ＿＿＿に適当な1語を入れなさい。

(1) They ＿＿＿＿＿＿＿ this bridge in 1936.

　　This bridge was built in 1936.

(2) Did he find his watch?

　　＿＿＿＿＿＿＿ his watch ＿＿＿＿＿＿＿ by ＿＿＿＿＿＿＿ ?

(3) We speak Japanese in Japan.

　　＿＿＿＿＿＿＿ ＿＿＿＿＿＿＿ ＿＿＿＿＿＿＿ in Japan.

(4) I don't use this smartphone.

　　This smartphone ＿＿＿＿＿＿＿ ＿＿＿＿＿＿＿ by ＿＿＿＿＿＿＿ .

(5) My mother cut the cake.

　　The cake was ＿＿＿＿＿＿＿ ＿＿＿＿＿＿＿ my mother.

(6) Young people often sing this song.

　　This song ＿＿＿＿＿＿＿ often ＿＿＿＿＿＿＿ by young people.

5 〈by 以外の前置詞を使う受け身〉 ⊷●重要

次の文の（　　）内から適当な語を選び, ○で囲みなさい。

(1) My mother is surprised (in / of / at) the results of my exams.

(2) The chair is made (of / from / with) wood.

(3) His name is known (in / for / to) every teacher in the school.

(4) The cup was filled (in / with / of) hot water.

(5) What subject are you interested (at / in / for) most?

(6) The top of the hill was coverd (in / of / with) snow.

ヒント

1 不規則変化する動詞に注意。

　➡ send[sénd センド] ～を送る　sell[sél セル] ～を売る

2 主語の数と時制に注意。

3 受け身の疑問文は〈Be 動詞＋主語＋過去分詞～?〉, 否定文は not を be 動詞のあとに置く。

　➡ all over the world 世界中で

4 (1)(3) この They や We は一般の人を表しているので, 特に〈by＋人〉で示す必要はない。

　➡ smartphone スマートフォン

5 (2) be made of と be made from の意味のちがいに注意。

　➡ result[rizʌ́lt リザルト] 結果　exam[igzǽm イグザム] 試験 (examination の短縮形)

1 🔑重要

次の文の（　　）内に入れるのに適当な語句を選び，記号で答えなさい。

(1) This picture was (　　　) by Tom.

　　ア　taking　　　　　イ　took　　　　　ウ　taken　　　　エ　taked

(2) Was the machine (　　　) in the 1990s?

　　ア　to invent　　　イ　invent　　　　ウ　inventing　　エ　invented

(3) Rome was not (　　　) in a day.

　　ア　build　　　　　イ　built　　　　　ウ　building　　　エ　being built

(4) Was this computer (　　　) in Japan?

　　ア　to make　　　　イ　making　　　　ウ　made　　　　エ　made of

(5) Yesterday I lost my cap, but it (　　　) by someone this morning.

　　ア　will find　　　　　　　　　　　イ　was found

　　ウ　finds　　　　　　　　　　　　　エ　found

(6) I am (　　　) an old movie by Kurosawa.

　　ア　watches　　　　　　　　　　　イ　watching

　　ウ　watched　　　　　　　　　　　エ　watched by

(7) How many children (　　　) to the Christmas party yesterday?

　　ア　was invited　　　　　　　　　イ　were they invited

　　ウ　were invited　　　　　　　　　エ　invited

(8) The story was so exciting! Who (　　　)?

　　ア　was it written by　　　　　　　イ　written was it

　　ウ　wrote it by　　　　　　　　　エ　was written by it

2 次の日本文の意味を表すように，＿＿＿に適当な1語を入れなさい。

(1) その少年は1等賞を与えられました。

　　The boy ＿＿＿＿＿＿ ＿＿＿＿＿＿ the first prize.

(2) この絵はあなたのお兄さんによってかかれたのですか。

　　＿＿＿＿＿＿ this picture ＿＿＿＿＿＿ by your brother?

(3) 彼の目は涙でいっぱいだった。

　　His eyes were ＿＿＿＿＿＿ ＿＿＿＿＿＿ tears.

(4) この手紙はナンシーによって書かれたのではありませんでした。

　　This letter ＿＿＿＿＿＿ ＿＿＿＿＿＿ by Nancy.

3 次の各組の２文がほぼ同じ内容を表すように，＿＿に適当な１語を入れなさい。

(1) Tomoko read a lot of books last week.

A lot of books ＿＿＿＿＿＿ read by Tomoko last week.

(2) Do they speak Chinese in that country?

＿＿＿＿＿＿ Chinese ＿＿＿＿＿＿ in that country?

(3) When did they build this station?

When ＿＿＿＿＿＿ this station ＿＿＿＿＿＿?

(4) They speak Spanish in Mexico.

Spanish ＿＿＿＿＿＿ ＿＿＿＿＿＿ in Mexico.

(5) The students always clean their classroom.

Their classroom ＿＿＿＿＿＿ ＿＿＿＿＿＿ ＿＿＿＿＿＿ by the students.

(6) What is the English name of this vegetable?

What is this vegetable ＿＿＿＿＿＿ ＿＿＿＿＿＿ English?

4 次の日本文の意味を表すように，（　　）内の語を並べかえなさい。

(1) その家は石でできています。

(house / of / stone / the / made / is).

_____

(2) 彼女は音楽と美術の両方に興味があります。

(interested / she / both / is / art / in / music / and).

_____

(3) その山は雪で覆われています。

(snow / with / mountain / is / the / covered).

_____

(4) 私の学校のだれもが彼の名前を知っています。

(everybody / name / school / his / known / my / is / in). (１語不足)

_____

(5) この国では英語は話されていません。

(in / spoken / English / country / this / isn't).

_____

16 そのほかの重要表現

① It の特別用法

□ 時刻・日時・天候などを表す it

it は時刻・日時・曜日・寒暖・天候・明暗・距離などを表す文の主語に使われる。

この場合の it に「それは」の意味はない。

It is two o'clock. （2時です）〔時刻〕

It's March 1 today. （今日は3月1日です）〔日時〕

It is Sunday today. （今日は日曜日です）〔曜日〕

It is fine today. （今日は晴れています）〔天候〕

It is very cold. （とても寒い）〔寒暖〕

It is dark in this room. （この部屋は暗い）〔明暗〕

Is **it** about 8 miles? （およそ8マイルですか）〔距離〕

② 付加疑問文

□ 肯定文＋否定の疑問形

「～ですね」と念を押したり，同意を求める文を付加疑問文といい，肯定文のあとに〈否定の短縮形＋主語［代名詞］?〉がつく。

いろいろな文の付加疑問の形
(1) Let's ～ , shall we?
(2) 命令文～ , will you?
(3) There is ～ , isn't there?

Ken likes music, **doesn't he?** （ケンは音楽が好きですよね）

□ 否定文＋肯定の疑問形

否定文には，肯定の疑問形〈(助) 動詞＋主語〔代名詞〕?〉がつく。

He isn't busy, **is he?** （彼は忙しくないですよね）

③ 感嘆文

□ What[How] ～!

「なんて～だろう」と喜びや驚きなどを表す文を感嘆文といい，2つの表し方がある。

〈**What a[an]**＋形容詞＋名詞＋主語＋動詞 !〉

What a beautiful flower this is!

（これはなんて美しい花なのだろう）

形容詞のあとに名詞があれば What ～!. 形容詞［副詞］が単独なら How ～!

〈**How**＋形容詞［副詞］＋主語＋動詞 !〉

How fast she runs! （彼女はなんて速く走るのだろう）

ポイント **一問一答**

① It の特別用法

次の英文の（　　　）内の正しいものを○で囲みなさい。

□ (1) (That / It) is Monday today.

□ (2) (It / That) was cold in that room.

□ (3) Is (here / it) about a hundred meters?

□ (4) (It / That) is cloudy today.

□ (5) Is (it / this) one o'clock?

② 付加疑問文

次の英文の（　　　）内の正しいものを○で囲みなさい。

□ (1) Ken likes math, (is / isn't / does / doesn't) he?

□ (2) That isn't a cat, (is / isn't / does / doesn't) it?

□ (3) Let's watch a movie, (will / let's / shall) we?

□ (4) There's a tree over there, (is / isn't / does / doesn't) there?

□ (5) Finish eating your dinner, (will / let's / shall) you?

③ 感嘆文

次の英文の（　　　）内の正しいものを○で囲みなさい。

□ (1) (How / What) (a / the / ×) beautiful voice she has!

□ (2) (What / How) (a / the / ×) cute this baby is!

□ (3) (What / How) (an / the / ×) early Bob woke up!

□ (4) (What / How) (a / the / ×) good tennis player he is!

□ (5) (How / What) (a / the / ×) nice car it is!

□ (6) (How / What) (an / the / ×) interesting her song is!

答

① (1) It　(2) It　(3) it　(4) It　(5) it

② (1) doesn't　(2) is　(3) shall　(4) isn't　(5) will

③ (1) What, a　(2) How, ×　(3) How, ×　(4) What, a　(5) What, a　(6) How, ×

1 〈It の用法〉
次の絵に合うように，対話文を完成しなさい。

(1) What's the date today?　— _____ is November 24.

(2) How far is it from here to the lake?　— _____ is about two miles.

(3) How is the weather there?　— _____ is very hot.

(4) What's the weather forecast tomorrow?　— _____ _____ be cold.

2 〈付加疑問文の形〉
次の文の（　　）内から適当な語句を選び，○で囲みなさい。

(1) That is your bike, (is that / is it / isn't it)?

(2) It's a new song, (isn't / hasn't / doesn't) it?

(3) Emi is running, (isn't she / doesn't she / isn't Emi)?

(4) They (does / don't go / go) there, do they?

(5) Ms. Smith doesn't have a pet, (does she / doesn't she / she does)?

3 〈What ～! と How ～! の使い分け〉 **重要**
次の文の＿＿に What か How のいずれかを入れなさい。

(1) _____ hot it is this month!

(2) _____ a big apple he has!

(3) _____ tall trees those are!

(4) _____ fast that dog can run!

(5) _____ an old watch your father uses!

4 〈付加疑問文のつくり方〉
次の＿＿に適当な1語を入れて，付加疑問文を完成しなさい。

(1) ここは静かですね。

It's quiet here, ＿＿＿＿＿ ＿＿＿＿＿ ？

(2) トムは早く起きましたね。

Tom got up early, ＿＿＿＿＿ ＿＿＿＿＿ ？

(3) メアリーはすぐここに来るでしょうね。

Mary will come here soon, ＿＿＿＿＿ ＿＿＿＿＿ ？

(4) 木のそばにイヌがいますよね。

There is a dog by the tree, ＿＿＿＿＿ ＿＿＿＿＿ ？

(5) ボブは昨日学校に来ませんでしたね。

Bob didn't come to school yesterday, ＿＿＿＿＿ ＿＿＿＿＿ ？

5 〈感嘆文の形と意味〉 **重要**
次の日本文の意味を表すように，（　　）内の語を並べかえなさい。

(1) この絵はなんて美しいんでしょう。(this / is / how / beautiful / picture)!

＿＿＿＿＿＿＿＿＿＿＿＿＿＿＿＿＿＿＿＿＿＿＿＿＿＿＿＿＿

(2) なんとわくわくする映画なんでしょう。(movie / how / the / exciting / is)!

＿＿＿＿＿＿＿＿＿＿＿＿＿＿＿＿＿＿＿＿＿＿＿＿＿＿＿＿＿

(3) なんと天気のよい日なんでしょう。(a / day / fine / is / it / what)!

＿＿＿＿＿＿＿＿＿＿＿＿＿＿＿＿＿＿＿＿＿＿＿＿＿＿＿＿＿

ヒント

1 (1) 日付，(2) 距離，(3)(4) 天候を表す文である。
➡ date[déit デイト] 日，日付　far[fɑ́ːr ファー] 遠い　weather[wéðər ウェザァ] 天気，天候
forecast[fɔ́ːrkæ[kɑ́ː]st フォーキャ[カー]スト] 予報
2 (1)〜(3) 肯定文の付加疑問文は〈否定の短縮形＋主語 [代名詞] ?〉，(4)(5) 〈一般動詞を使った現在形の否
定文の付加疑問文は〈(助) 動詞＋主語 [代名詞] ?〉の形。
3 あとにくるのが形容詞 [副詞] 単独か，〈形容詞＋名詞〉かで判断する。
4 (3) will の否定形は will not で，その短縮形は won't。
➡ quiet[kwáiət クワイエト] 静かな
5 (1)(2) How 〜! の文。 (3) What 〜! の文。

1 次の文の（　　）内から適する語句を選び，〇で囲みなさい。

(1) (This / That / It's / Its) cloudy today.

(2) How is the weather today? ― (I'm / This is / It is / It) fine.

(3) (Why / What / Which / How) a big house that is!

(4) Your brother and Jane are friends, (isn't he / doesn't he / don't they / aren't they)?

(5) (Why / How / Who / Which / What) useful books they are!

(6) Tom likes Japanese food very much, (is / doesn't / does) he?

(7) Let's go to the movies, (shall we / shall you / won't you / do they)?

2 差がつく
次の各組の 2 文がほぼ同じ内容を表すように，＿＿ に適当な 1 語を入れなさい。

(1) How interesting this book is!

What ＿＿＿＿＿ ＿＿＿＿＿ book ＿＿＿＿＿ is!

(2) How fast Kate runs!

What a ＿＿＿＿＿ ＿＿＿＿＿ Kate is!

(3) What a beautiful flower this is!

＿＿＿＿＿ ＿＿＿＿＿ this flower is!

3 ⚠ミス注意
次の文の ＿＿ に適当な 1 語を入れて，(1)〜(3)は What 〜! か How 〜! の文に，(4)(5)は付加疑問文にしなさい。

(1) That is a very exciting movie.

→ ＿＿＿＿＿ ＿＿＿＿＿ exciting movie that is!

(2) Jack walks very fast.

→ ＿＿＿＿＿ ＿＿＿＿＿ Jack walks!

(3) The cakes are very delicious.

→ ＿＿＿＿＿ ＿＿＿＿＿ the cakes are!

(4) Keiko read the book yesterday, ＿＿＿＿＿ ＿＿＿＿＿?

(5) There are some windows in your room, ＿＿＿＿＿ ＿＿＿＿＿?

4 🔑重要

次の文を（　　）内の指示にしたがって書きかえなさい。

(1) Let's go shopping this afternoon. （付加疑問文に）

_____

(2) This is a very difficult question. （What で始まる文に）

_____

(3) It's only <u>fifty meters</u> from here to our school. （下線部を中心にたずねる文に）

_____

(4) Jiro leaves home at seven every morning. （付加疑問文に）

_____

(5) How well he plays tennis! （What で始まる同じ意味の文に）

_____

(6) Mika will come to the concert. （付加疑問文に）

_____

5 次の英文を日本語になおしなさい。

(1) What strong players they are!

（　　　　　　　　　　　　　　　　　　　　　　　　　　　）

(2) You will help me with my homework, won't you?

（　　　　　　　　　　　　　　　　　　　　　　　　　　　）

(3) Let's watch TV together, shall we?

（　　　　　　　　　　　　　　　　　　　　　　　　　　　）

6 次の日本文を英語になおしなさい。

(1) あの絵はなんて美しいのでしょう。

_____

(2) 彼は昨日たくさんの本を買いましたね。（付加疑問文で）

_____

17 前置詞

① 「場所」を表す前置詞

□ **前置詞の働き**…前置詞はふつう〈前置詞＋（代）名詞〉
の形で使われ，副詞句や形容詞句になる。

> There is a book **on the desk**.（机の上に本があります）
>   副詞句
> The book **on the desk** is mine.（机の上の本は私のものです）
>   形容詞句

> 動名詞も前置詞の目的語になる。
> He is fond of playing tennis.（彼は テニス を するのが好きです）

□ **「場所」を表す前置詞**…**at**（〔比較的狭い場所〕に），**in**（〔比較的広い場所〕に），**on**（〔接して〕
〜の上に），**over**（〔離れて〕〜の真上に），**above**（〜の上方に），**under**（〜の真下に），
up（〜の上へ），**down**（〜の下へ），**into**（〜の中へ），**out of**（〜から外へ），
between（〔2つ〕の間に），**among**（〔3つ以上〕の間に），**across**（〜を横切って），
through（〜を通り抜けて），**near**（〜の近くに），**by**（〜のそばに），**along**（〜に沿って），
behind（〜のうしろに），**in front of** 〜（〜の前に），**to**（〜へ，〜まで），**for**（〜へ向かって）

② 「時」を表す前置詞

□ **「時」を表す前置詞**…**at**（〔時刻・時の1点などに使う〕
〜に），**on**（〔曜日・日付などに使う〕〜に），**in**（〔週・
月・年・季節などに使う〕〜に），**before**（〜の前に），
after（〜のあとに），**from**（〜から），**for**（〜の間），
in（〜たてば），**within**（〜以内に），**till[until]**（〜
まで），**by**（〜までに），**during**（〜の間）

> in May（5月に）
> on May 10（5月10日に）
> in the morning（午前中に）
> on Sunday morning（日曜の朝に）

> till は「〜まで」と動作の継続する最後の時を表す。
> by は「〜までに」と期限を表す。

③ その他の前置詞

□ **その他の前置詞**…**by**＋乗り物（〜で），**in**（〔言語．手段〕〜で），
with（〜といっしょに，〜で），**without**（〜なしで），**for**（〜のた
めに），**about**（〜について），**of**（〜の）

> with（〜で）は
> 手段・道具を表す。

④ 前置詞を含む熟語

□ **前置詞を含む熟語**…**listen to** 〜（〜を聞く），**look at** 〜（〜を見る），**look for**
〜（〜を探す），**wait for** 〜（〜を待つ），**be good at** 〜（〜が得意である），**be
interested in** 〜（〜に興味がある）

● 前置詞とは，名詞や代名詞（目的格），動名詞の前に置く語である。
● 〈前置詞＋（代）名詞〉の形で使われ，副詞句や形容詞句になる。
● 前置詞は，同じ語でもいろいろな意味を表すものが多いので注意。

ポイント 一問一答

① 「場所」を表す前置詞

次の英文の（　）内の正しいものを○で囲みなさい。

☐ (1) There is a cat (in / on) the chair.

☐ (2) There is a temple (near / across) my house.

☐ (3) He came (out of / over) the room.

☐ (4) A man is standing (up / by) the door.

② 「時」を表す前置詞

次の英文の（　）内の正しいものを○で囲みなさい。

☐ (1) I visit my grandmother (in / on) summer.

☐ (2) Come to my house (within / during) 10 minutes.

☐ (3) You can stay here (until / by) 5 o'clock.

③ その他の前置詞

次の英文の（　）内の正しいものを○で囲みなさい。

☐ (1) She comes to school (with / by) bus.

☐ (2) Mary went to the library (with / by) Tom.

☐ (3) This is a story (about / at) a poor cat.

④ 前置詞を含む熟語

次の英文の（　）内の正しいものを○で囲みなさい。

☐ (1) Listen (to / at) your teacher carefully.

☐ (2) Why are you looking (to / at) me?

☐ (3) He is very good (to / at) playing the violin.

答

① (1) on　(2) near　(3) out of　(4) by

② (1) in　(2) within　(3) until

③ (1) by　(2) with　(3) about

④ (1) to　(2) at　(3) at

1 〈前置詞の意味〉
次の英文の意味を表す日本文を完成しなさい。

(1) The dictionary on the desk is mine.

（　　　　　　　　　　　　　　　　　　　）は私のものです。

(2) Mr. Suzuki comes to school by car.

スズキ先生は（　　　　　　　　　　　　　　　　）。

(3) The boys in the garden are my brothers.

（　　　　　　　　　　　　　　　　　）は私の兄弟です。

(4) Ken always does his homework before eating dinner.

ケンはいつも（　　　　　　　　　　　　　　　　）。

(5) My father will be back in a week.

（　　　　　　　　　　　　　　　　）戻ってきます。

2 〈時を表す前置詞〉
次の（　　）内に入れる最も適当な語を下から選びなさい。ただし，同じものは2度使いません。

(1) We can see many stars _____ night.

(2) We can enjoy skiing _____ winter.

(3) He studies _____ dinner.

(4) She eats bread _____ Sunday morning.

(5) They stayed there _____ three days.

(6) I usually practice the piano _____ five to seven.

after / on / in / at / from / for

3 〈場所を表す前置詞〉
次の文の（　　）内から適当な語句を選び，○で囲みなさい。

(1) He walked (among / between / out of) the building.

(2) The dog jumped (in / over / under) the wall.

(3) The girl (among / into / between) Yumi and Mari is Yoko.

(4) My uncle lives (on / in / at) England.

(5) This train is (by / on / for) Numazu.

4 〈その他の前置詞〉 🔴重要

次の日本文の意味を表すように，＿＿に適当な１語を入れなさい。

(1) このナイフでこのリンゴを切ってください。

　　Please cut these apples ＿＿＿＿＿＿＿ this knife.

(2) 私は昨日，彼といっしょに勉強しました。

　　I studied ＿＿＿＿＿＿＿ him yesterday.

(3) 私たちは食べ物がなくては生きられません。

　　We can't live ＿＿＿＿＿＿＿ food.

(4) 私の宿題を手伝ってください。

　　Please help me ＿＿＿＿＿＿＿ my homework.

5 〈前置詞を含む熟語〉 🔴重要

次の文の（　　）内から適当な語を選び，○で囲みなさい。また，それぞれの文を日本
語になおしなさい。

(1) He got (at / in / on) the train at Shinjuku Station.

　　(　　　　　　　　　　　　　　　　　　　　　　　　　　　　　　　　　　　　)

(2) Listening (to / for / at) music is fun.

　　(　　　　　　　　　　　　　　　　　　　　　　　　　　　　　　　　　　　　)

(3) My dog is afraid (at / of / with) snakes.

　　(　　　　　　　　　　　　　　　　　　　　　　　　　　　　　　　　　　　　)

(4) Who are you waiting (of / after / for)?

　　(　　　　　　　　　　　　　　　　　　　　　　　　　　　　　　　　　　　　)

ヒント

1 (1)(3)〈前置詞＋名詞〉が前の名詞を修飾している。

2 (5) three days が期間を表していると考える。

　➡ enjoy[indʒɔ́i エンヂョイ] ～を楽しむ　bread[bréd ブレッド] パン

3 空所のあとの名詞と組み合わせて，最も意味が自然な前置詞を選ぶ。

　➡ jump[dʒʌ́mp ヂャンプ] 飛ぶ

4 (1) 手段や道具を表す前置詞が必要。(4) 前の help と結びつく前置詞。

5 (1)〈get＋前置詞〉で「～に乗る」という意味をつくる。前置詞は乗り物の種類によって使い分ける。

　➡ fun[fʌ́n ファン] おもしろい

1 🔑重要

次の文の（　　）内に入れるのに適当な語を選び，記号で答えなさい。

(1) My grandfather is going to buy a new bike (　　) me.

　　ア　on　　　　　　イ　to　　　　　　ウ　in　　　　　　エ　for

(2) Won't you give this book (　　) me?

　　ア　for　　　　　　イ　with　　　　　ウ　by　　　　　　エ　to

(3) She wrote to her grandmother (　　) a pen.

　　ア　with　　　　　　イ　by　　　　　　ウ　in　　　　　　エ　on

(4) My mother will come back (　　) a few minutes.

　　ア　on　　　　　　イ　for　　　　　　ウ　at　　　　　　エ　in

(5) My brother belongs (　　) the tennis club.

　　ア　with　　　　　　イ　to　　　　　　ウ　on　　　　　　エ　at

(6) I have morning classes (　　) Saturday, so Saturday is not good for me.

　　ア　in　　　　　　イ　at　　　　　　ウ　on　　　　　　エ　to

(7) You must not be late (　　) school.

　　ア　on　　　　　　イ　in　　　　　　ウ　for　　　　　　エ　to

2 🏠差がつく

次の各組の2文がほぼ同じ内容を表すように，＿＿に適当な前置詞を入れなさい。

(1) Let's go on a picnic next Sunday.

　　How ＿＿＿＿＿＿＿＿ going on a picnic next Sunday?

(2) I went to bed early. I didn't eat dinner that night.

　　I went to bed early ＿＿＿＿＿＿＿＿ ＿＿＿＿＿＿＿＿ dinner that night.

(3) The airport is half an hour's drive from here.

　　It takes half an hour to go from here to the airport ＿＿＿＿＿＿＿＿ car.

(4) While I was staying in America, I visited him.

　　＿＿＿＿＿＿＿＿ ＿＿＿＿＿＿＿＿ stay in America, I visited him.

(5) When I was going home, I met my uncle.

　　I met my uncle ＿＿＿＿＿＿＿＿ my way home.

124

3 ⚠️ ミス注意

次の日本文の意味を表すように，＿＿に適当な1語を入れなさい。

(1) 私は彼の援助に感謝しなければならない。

I must thank him ＿＿＿＿＿＿ his help.

(2) 彼女は手にかさを持っていました。

She had an umbrella ＿＿＿＿＿＿ her hand.

(3) 黒いコートを着ている少女を見て。

Look at the girl ＿＿＿＿＿＿ a black coat.

(4) どちらの出身ですか。

Where do you come ＿＿＿＿＿＿?

(5) 彼らはその知らせにたいへん驚いていました。

They were very surprised ＿＿＿＿＿＿ the news.

(6) 私が家にいない間，私のイヌの世話をしてくれませんか。

Can you take care ＿＿＿＿＿＿ my dog while I'm away?

(7) 彼女は私からのプレゼントを喜びました。

She was pleased ＿＿＿＿＿＿ my present.

(8) ジェーンはバイオリンを弾くことが大好きです。

Jane is very fond ＿＿＿＿＿＿ playing the violin.

(9) 彼女の靴は私たちのとだいぶちがいます。

Her shoes are very different ＿＿＿＿＿＿ ours.

(10) 私はそのニュースをメールで知りました。

I knew the news ＿＿＿＿＿＿ e-mail.

4 次の日本文の意味を表すように，（　　）内の語を並べかえなさい。

(1) 彼は自分のペンをさがしていました。

(his / was / for / he / pen / looking).

＿＿＿＿＿＿＿＿＿＿＿＿＿＿＿＿＿＿＿＿＿＿＿＿＿＿＿＿＿＿

(2) 彼女は大きな声で私を呼びました。

(voice / she / a / me / called / loud / in).

＿＿＿＿＿＿＿＿＿＿＿＿＿＿＿＿＿＿＿＿＿＿＿＿＿＿＿＿＿＿

(3) 学校の前にある店は生徒たちに人気があります。

(is / shop / the / front / the / of / in / school) popular among the students.

＿＿＿＿＿＿＿＿＿＿＿＿＿＿＿＿＿＿＿＿＿＿ popular among the students.

◎制限時間**40**分
◎合格点**80**点
▶答え　別冊 p.39

点

1 次の（　　）内に入れるのに適当な語句を選び，記号で答えなさい。　　　　　　〈2点×10〉

(1) Why were you late (　　　) school yesterday?

　　ア　for　　　　　イ　at　　　　　ウ　to　　　　　エ　without

(2) Someone (　　　) to the hospital last evening.

　　ア　carries　　　　　　　　イ　carried

　　ウ　was carrying　　　　　エ　was carried

(3) (　　　) hot it is today!

　　ア　How　　　　　イ　What　　　　　ウ　Why　　　　　エ　Very

(4) She walked to school, (　　　)?

　　ア　she does　　　イ　does she　　　ウ　she didn't　　　エ　didn't she

(5) This apple (　　　) by him this morning.

　　ア　cuts　　　　　イ　to cut　　　　　ウ　was cut　　　　　エ　cutting

(6) (　　　) this room cleaned by students yesterday?

　　ア　Is　　　　　イ　Was　　　　　ウ　Does　　　　　エ　Did

(7) That boy speaks French, (　　　)?

　　ア　does he　　　イ　doesn't he　　　ウ　he does　　　エ　he doesn't

(8) She was born (　　　) the morning of May 1.

　　ア　in　　　　　イ　on　　　　　ウ　at　　　　　エ　till

(9) According to the school rules, we can't come to school (　　　).

　　ア　with a pen　　　　　　　イ　in a few months

　　ウ　by bike　　　　　　　　エ　by 8 o'clock

(10) Please (　　　) for me at the school gate.

　　ア　wait　　　　　イ　stand　　　　　ウ　listen　　　　　エ　take

(1)		(2)		(3)		(4)		(5)	
(6)		(7)		(8)		(9)		(10)	

2 次の日本文の意味を表すように，（　　）内の語句を並べかえなさい。〈3点×5〉

(1) なんて素晴らしい修学旅行だったのでしょう。

　　(a / school / had / great / we / what / trip)!

(2) その山の頂上は，雪におおわれています。

　　(of / the mountain / is / with / the top / snow / covered).

(3) 彼は１，２時間で戻ってくるでしょう。

　　(in / will / hour / he / be / or / back / two / an).

(4) 彼女は病気の祖母の面倒を見ている。

　　(sick / takes / grandmother / of / her / she / care).

(5) だれがその窓を割ったのですか。

　　(by / was / broken / window / the / who / did)? (1 語不要)

(1)	
(2)	
(3)	
(4)	
(5)	

3 次の日本文を（　　）内の語を用いて英語になおしなさい。ただし，（　　）内の語は必要に応じて適当な形になおすこと。〈4点×4〉

(1) この図書館はいつ建てられましたか。(when, library, build)

(2) 彼女はなんてテニスがじょうずなんでしょう。(what)

(3) このクッキーの中にニンジンは入っていませんよね。(carrot, cookie)

(4) あの国ではフランス語が話されていますか。(French, speak)

(1)	
(2)	
(3)	
(4)	

4 次の各組の2文がほぼ同じ内容を表すように，＿＿＿に適当な1語を入れなさい。 〈3点×6〉

(1) He left the room and said nothing.

He left the room ＿＿＿＿＿＿ saying ＿＿＿＿＿＿.

(2) Hundreds of magazines are sold at that store.

＿＿＿＿＿＿ ＿＿＿＿＿＿ hundreds of magazines at that store.

(3) When did he take these pictures?

When ＿＿＿＿＿＿ these pictures ＿＿＿＿＿＿ by him?

(4) It is interesting for me to travel to many different countries.

I am interested in ＿＿＿＿＿＿ ＿＿＿＿＿＿ many different countries.

(5) They always go to school on foot.

They always ＿＿＿＿＿＿ ＿＿＿＿＿＿ school.

(6) His bike and yours aren't the same.

His bike is ＿＿＿＿＿＿ ＿＿＿＿＿＿ yours.

(1)			(2)		
(3)			(4)		
(5)			(6)		

5 次の英文を日本語になおしなさい。 〈4点×4〉

(1) Let's wait five more minutes for him, shall we?

(2) How well the man over there plays the guitar!

(3) Murakami Haruki is known to all the people in the world.

(4) How far is it from your house to the station?

(1)	
(2)	
(3)	
(4)	

6 次の（　）内の語を並べかえ，各組の対話文を完成させなさい。　　　　　〈3点×2〉

(1) A : How many (seen / are / saw / from / houses / that / is) place? (2 語不要)

　　B : About twenty.

(2) A : Soccer is popular around the world.

　　B : That's right. Soccer (played / many / is / by / plays) people around the world. (1 語不要)

(1)	
(2)	

7 次の英文の（　）内に入れる適当な語句を選び，記号で答えなさい。　　　　　〈3点×3〉

Kazuya is 17 years old. He goes to Okinawa-Minami High School. His school is famous for its strong soccer team. Kazuya is a very good soccer player. He is also good ((1)) English. He ((2)) the school's English speech *contest last year. This year the contest will be ((3)) in September. Kazuya will join it because he likes English *activities. He is doing a lot of practice every day and hopes he will do well.

　　*contest　コンテスト　　*activities　活動

(1) ア　to speak　　　イ　at speaking　　　ウ　as speak as　　　エ　speaker

(2) ア　is winning　　イ　wins　　　　　　ウ　won　　　　　　エ　will win

(3) ア　hold　　　　　イ　holds　　　　　　ウ　held　　　　　　エ　holding

(1)		(2)		(3)	

18 品詞の整理

① 名詞

□ 数えられる名詞と数えられない名詞

| 数えられる名詞 | 普通名詞（apple「リンゴ」，book「本」など） |

集合名詞（family「家族」，people「人々」など）

| 数えられない名詞 | 固有名詞（Tom「トム」，Canada「カナダ」など） |

物質名詞（water「水」，paper「紙」など）

抽象名詞（music「音楽」，love「愛」など）

□ 冠詞 a, an, the

a, an：数えられる名詞の単数形につく

the：一度話題に出たもの，特定のものにつく

□ 物質名詞の数え方：容器や単位を使って数える

a cup of coffee（1杯のコーヒー），**a piece of** chalk（1本のチョーク），

a slice of bread（1切れのパン）

② 代名詞

□ 不定代名詞：one，other など，ばくぜんと人・物・数量などを表す代名詞

one（前に出た名詞を指す），**other**（ほかの（もの）），**another**（もう1つ別の（もの）），**each**（めいめい（の）），**every**（すべての），**all**（すべて（の））

③ 形容詞

□ 数・量を表す形容詞

意味	数を表す	量を表す
たくさんの	**many**	**much**
少しはある	**a few**	**a little**
ほとんどない	**few**	**little**

> some（いくらかの），any（いくらかの），a lot of（たくさんの）は，数えられる名詞にも数えられない名詞にも使える。

④ 副詞

□ 頻度を表す副詞：一般動詞の前，be 動詞・助動詞のあとに置く

always（いつも），**usually**（たいてい），**often**（しばしば），

sometimes（ときどき），**never**（決して〜ない）

● 名詞には，数えられる名詞と数えられない名詞がある。数えられる名詞の単数形には a [an] がつく。一度出た名詞には the がつく。
● many と few は「数」を表し，much と little は「量」を表す。

ポイント 一問一答

① 名詞

次の英文の（　　）内の正しいものを○で囲みなさい。

□ (1) I have (a dictionary / dictionary).

□ (2) There are three (people / peoples) in the park.

□ (3) (Music / A music) is very important.

□ (4) Do you want a (cup / piece) of coffee?

□ (5) I want a new (pair / part) of shoes.

□ (6) Give me a (sheet / glass) of paper.

② 代名詞

次の英文の（　　）内の正しいものを○で囲みなさい。

□ (1) This temple is older than that (one / it).

□ (2) Don't tell (another / others) about this.

□ (3) Can I have (another / other) cup of tea?

□ (4) (Each / All) person has his or her own name.

③ 形容詞

次の英文の（　　）内の正しいものを○で囲みなさい。

□ (1) I don't have (many / much) information about this.

□ (2) You can see (few / a little) birds on this island.

□ (3) A (many / lot) of people agreed with him.

④ 副詞

次の英文の（　　）内の正しいものを○で囲みなさい。

□ (1) He lives near my house, so I (often / never) meet him.

- -

答　① (1) a dictionary　(2) people　(3) Music　(4) cup　(5) pair　(6) sheet
　② (1) one　(2) others　(3) another　(4) Each
　③ (1) much　(2) few　(3) lot
　④ (1) often

1 〈冠詞 a, an, the の用法〉

次の文の___に a, an, the のうち適当なものを入れなさい。不要の場合は×印を入れなさい。

(1) My brother plays _____ guitar in _____ evening.

(2) There is _____ orange on the table.

(3) We go to _____ school by _____ bus.

(4) I have _____ camera. You can use _____ camera.

2 〈数・量を表す形容詞の用法〉 重要

次の日本文の意味を表すように，___に入れる最も適当な語句を下から選びなさい。ただし同じものは2度使わないこと。

(1) 私たちのクラブには多くのメンバーがいます。

Our club has _____ members.

(2) その国では6月はあまり雨が降りません。

They don't have _____ rain in June in that country.

(3) 私のポケットにはコインが数枚入っています。

I have _____ coins in my pocket.

(4) 私はほとんどお金を持っていませんでした。

I had _____ money with me.

> few / a few / many / much / little / a little

3 〈物質名詞の量の表し方〉

次の（　　）内にあてはまる語を下から選び，記号で答えなさい。

(1) a sheet of（　　　）

(2) a slice of（　　　）

(3) a glass of（　　　）

(4) a pound of（　　　）

　　ア　milk　　　　イ　butter　　　ウ　paper　　　エ　bread

4 〈one, some, any などの用法〉

次の文の（　　）内から適当な語を選び，〇で囲みなさい。

(1) Do you have any pens?

　　— Yes, I have (it / one).

(2) Do you have (one / any) foreign stamps?

(3) Would you like (some / one) tea?

(4) I can't see (one / some / any) stars in the sky.

5 〈いろいろな代名詞の用法〉重要

日本文の意味を表すように，（　　）内から適当な語句を選び，〇で囲みなさい。

(1) 机の上に2冊のノートがあります。1冊はジムのもので，もう1冊は私のものです。

　　There are two notebooks on the desk.

　　One is Jim's, and (another / other / the other) is mine.

(2) 少年たちはそれぞれラケットを持っています。

　　(Every / Each / All) of the boys has a racket.

(3) ネコが好きな人もいれば，イヌが好きな人もいます。

　　Some like cats, and (another / others / the other) like dogs.

(4) 私たちはみんなスミス先生に英語を習っています。

　　(Another / All / Some) of us learn English from Ms. Smith.

6 〈副詞の位置〉

次の文に（　　）内の語を入れる場合どこが適当か，そのか所の記号を〇で囲みなさい。

(1) He ア can イ speak ウ English エ .　　　　　　　(well)

(2) I ア play イ soccer ウ with my friends エ .　　　(often)

(3) My father ア is イ at home ウ on Sundays.　　(usually)

(4) Did ア you イ study ウ hard エ today?　　　　(enough)

ヒント

② ＿＿のあとが数えられる名詞か，数えられない名詞かを考える。

→ coin[kɔ́in コイン] コイン　pocket[pá[pɔ́]kit パ [ポ] ケト] ポケット

③ → sheet[ʃíːt シート] 1枚　slice[sláis スライス] 1切れ　pound[páund パウンド] ポンド（重さの単位）

④ → foreign[fɔ́(ː)rin フォ（ー）リン] 外国の

⑥ 頻度を表す副詞は一般動詞の前，be動詞のあとに置くのが基本。

1 次の各組の2文がほぼ同じ内容を表すように，＿＿に適当な1語を入れなさい。

(1) I don't have any sisters.

　　I have ＿＿＿＿＿ sisters.

(2) I saw many birds in the garden.

　　I saw ＿＿＿＿＿ ＿＿＿＿＿ of birds in the garden.

(3) Tom helped Jim, and Jim helped Tom, too.

　　Tom and Jim helped ＿＿＿＿＿ other.

(4) She is a good speaker of English.

　　She speaks English ＿＿＿＿＿.

(5) Yoko is a very good cook.

　　Yoko cooks ＿＿＿＿＿ ＿＿＿＿＿.

2 ⚠ミス注意

次の日本文の意味を表すように，＿＿に適当な1語を入れなさい。

(1) その本のうち何冊かはメアリーのもので，残りは私のものです。

　　Some of the books are Mary's, and the ＿＿＿＿＿ are mine.

(2) いつでも私に電話をしてよいですよ。

　　You may call me at ＿＿＿＿＿ time.

(3) 2人の息子のうち1人は日本に住んでいて，もう1人はアメリカにいます。

　　＿＿＿＿＿ of my two sons lives in Japan, and the ＿＿＿＿＿ is in America.

(4) 私は地図を描くのに紙が1枚必要です。

　　I need ＿＿＿＿＿ ＿＿＿＿＿ ＿＿＿＿＿ paper to draw the map on.

(5) コップには水がほとんどありません。

　　There ＿＿＿＿＿ ＿＿＿＿＿ ＿＿＿＿＿ in the cup.

(6) この学校のすべての生徒は制服を着なければなりません。

　　＿＿＿＿＿ student in this school has to wear the school uniform.

(7) 私はその事故についてあまり情報を持っていません。

　　I don't have ＿＿＿＿＿ information about the accident.

(8) スミスさんには娘が2人います。2人とも大学生です。

　　Mr. Smith has two daughters. ＿＿＿＿＿ of them are college students.

3 次の日本文の意味を表すように，（ 　 ）内の語句を並べかえなさい。

(1) クラスのどの児童もそのことを知っています。

　 (any / class / in / it / knows / pupil / the).

_____

(2) 彼はそれを買うのに十分なお金を持っていました。

　 (money / it / he / buy / enough / had / to).

_____

(3) 彼女は放課後はよく図書館にいます。

　 (library / the / is / she / school / often / in / after).

_____

(4) すべての学生がその活動に参加しました。

　 (students / in / activity / all / took part / the / the).

_____

4 ◯■重要）
次の英文を日本語になおしなさい。

(1) My mother usually eats a slice of bread for breakfast.

　 (　　　　　　　　　　　　　　　　　　　　　　　　　　　)

(2) I lost my dictionary, so my father bought me another one.

　 (　　　　　　　　　　　　　　　　　　　　　　　　　　　)

(3) I take a walk twice a day.

　 (　　　　　　　　　　　　　　　　　　　　　　　　　　　)

5 🏠がつく
次の日本文を，（ 　 ）内の語を用いて英語になおしなさい。

(1) 私は彼を知りません。彼もまた私を知りません。(either)

_____

(2) 私はよく家族とそのレストランに行きます。(often, restaurant)

_____

(3) 彼は決して学校を休みません。(never)

_____

19 現在完了⑴

① 現在完了の形と意味

☐ 現在完了＝〈have[has]＋過去分詞〉

現在形は現在の事実，過去形は過去の事実を述べる。現在完了は過去のできごとや状態が何らかの形で今［現在］と関連していることを表す。

> 主語が3人称単数のときは has，それ以外は have。

　　I **have lived** in Canada.（私はカナダに〔ずっと〕住んでいます）

　　…過去から今までカナダにいることを表している。

② 現在完了の3つの用法

☐ 「（今までずっと）〜している」〔継続〕

for 〜（〜の間）や since 〜（〜以来）がよくいっしょに使われる。

　　He **has lived** in Tokyo <u>for</u> six years.（彼は6年間〔ずっと〕東京に住んでいます）

☐ 「〜したところだ」「〜してしまった」〔完了・結果〕

just（ちょうど），already（すでに）がよくいっしょに使われる。

> 過去の一時点を表す語句は現在完了の文では使えない。

　　Mari **has** <u>already</u> **eaten** breakfast.

　　（マリはすでに朝食を食べてしまいました）

　　He **has become** a doctor.（彼は医者になりました〔今も医者である〕）

☐ 「（今までに）〜したことがある」〔経験〕

once（1回），〜 times（〜回），before（以前に）がよくいっしょに使われる。

> 回数の言い方：
> once（1回），twice（2回），
> 3回以上は〜 times

　　I **have seen** the man <u>three times</u>.（私はその男の人に3回会ったことがあります）

③ have[has] been to 〜

☐ have been to 〜「〜へ行ったことがある」〔経験〕

have[has] gone to 〜だと「〜へ行ってしまった〔今ここにいない〕」という意味になる。

> have[has] been to 〜には「ちょうど〜へ行ってきたところだ」という完了の意味もある。

　　I **have been to** Canada before.

　　（私は以前にカナダへ行ったことがあります）

ポイント 一問一答

① 現在完了の形と意味

次の英文の（　　）内の正しいものを○で囲みなさい。

□ (1) I (saw / have seen) him three years ago.

□ (2) We (has been / have been) friends for a long time.

□ (3) Yumi (has lived / have lived) in Tokyo.

□ (4) He (bought / has bought) a bike last week.

□ (5) I (have lived / lived) in Kyoto when I was a child.

□ (6) Nao (has been / is) busy for a long time.

② 現在完了の３つの用法

次の英文の（　　）内の正しいものを○で囲みなさい。

□ (1) I (have studied / study) English for six years.

□ (2) We have already (had / have) lunch.

□ (3) He has met her many (times / ago).

□ (4) He (has come / came) back yesterday.

□ (5) Rina (lived / has lived) in Yokohama since she was a baby.

③ have[has] been to ～

次の英文の（　　）内の正しいものを○で囲みなさい。

□ (1) She's (been / went) to China before.

□ (2) We've (being / been) to the park.

□ (3) He's (gone / being) to London alone.

□ (4) They have (gone / been) to the U.S. four times.

答

① (1) saw　(2) have been　(3) has lived　(4) bought

　(5) lived　(6) has been

② (1) have studied　(2) had　(3) times　(4) came　(5) has lived

③ (1) been　(2) been　(3) gone　(4) been

▶答え　別冊p.42

基 礎 問 題

1 〈現在完了と過去〉
次の文の（　　）内から適当な語句を選び，○で囲みなさい。

(1) They (know / knew / have known) her since 2015.

(2) It (is / was / has been) fine last Sunday.

(3) He (doing / did / have done) his homework just now.

(4) When (have / did / were) you arrive at Narita?

(5) I have lived here (in / for / since) eight months.

2 〈現在完了で使われる副詞〉
次の文の（　　）内に入れるのに適当な語を選び，記号で答えなさい。

(1) I have (　　　) eaten breakfast.

　　ア　just　　　　イ　for　　　　ウ　since

(2) I have been to Australia (　　　).

　　ア　just　　　　イ　soon　　　　ウ　twice

(3) You have (　　　) finished your homework.

　　ア　since　　　　イ　soon　　　　ウ　already

3 〈現在完了の形〉
次の文を，（　　）内の語句を加えて現在完了の文に書きかえなさい。

(1) My cousin stays in Tokyo. (for two days)

　　My cousin _____.

(2) We are good friends. (since last summer)

　　We _____.

(3) Ken send a letter to me. (already)

　　Ken _____.

(4) Tom finished his homework. (just)

　　Tom _____.

(5) The bus leaves. (already)

　　The bus _____.

4 〈経験・結果を表す現在完了〉 重要

次の文に最も近い意味を表す文を，それぞれア～ウの中から１つずつ選び，記号を○で囲みなさい。

⑴ My father has gone out.

　　ア　My father went out, but he came back.

　　イ　My father went out, and he isn't at home now.

　　ウ　My father went out, and he is at home now.

⑵ Terry went to Tokyo in 2016 and last year.

　　ア　Terry has gone to Tokyo.

　　イ　Terry has been in Tokyo since 2016.

　　ウ　Terry has been to Tokyo twice.

5 〈継続・経験を表す現在完了の文〉 重要

次の日本文の意味を表すように，＿＿に適当な１語を入れなさい。

⑴ 私の父は先週の月曜日から大阪にいます。

　　My father ＿＿＿＿＿＿ been in Osaka ＿＿＿＿＿＿ last Monday.

⑵ 私はその本を何度も読んだことがあります。

　　I've read the book ＿＿＿＿＿＿ ＿＿＿＿＿＿.

⑶ 私は一度ニューヨークを訪れたことがあります。

　　I ＿＿＿＿＿＿ ＿＿＿＿＿＿ to New York ＿＿＿＿＿＿.

⑷ 私は母からその話をよく聞いていました。

　　I ＿＿＿＿＿＿ ＿＿＿＿＿＿ ＿＿＿＿＿＿ the story from my mother.

ヒント

1 時を表す表現に注意。
　➡ arrive[əráiv アライヴ] 到着する
2 よく使われる副詞の意味を覚えておこう。
3 ⑶～⑸ 副詞の位置に注意する。
　➡ leave[líːv リーヴ] 去る
4 ⑴ go out「外出する」が現在完了になっているので，外出した状態が現在も続いていると考える。
　➡ twice[twáis トゥワイス]2度，2回
5 ⑶ 回数を伝える表現。

1 次の日本文の意味を表すように，____に適当な1語を入れなさい。

(1) アキラはアメリカに行ってしまいました。

Akira _____ _____ _____ America.

(2) 私の父は一度，富士山に登ったことがあります。

My father _____ _____ Mt. Fuji _____.

(3) 彼は以前にオーストラリアへ行ったことがあります。

He _____ _____ _____ Australia _____.

(4) 私は彼女を子どものときから知っています。

I _____ _____ her _____ I was a child.

2 差がつく

次の各組の2文がほぼ同じ内容を表すように，____に適当な1語を入れなさい。

(1) He came to Tokyo three years ago and he still lives in Tokyo.

He has _____ in Tokyo _____ three years.

(2) Jiro got sick last week. He is still sick now.

Jiro has _____ sick _____ last week.

(3) It is ten years since she saw him last.

Ten years _____ _____ since she saw him last.

(4) Miki went to the United States and she isn't here now.

Miki has _____ to the United States.

(5) I went to the store and I've just come back.

I _____ _____ _____ to the store.

3 ⚠ミス注意

次の英文を（　　）内の指示にしたがって全文を書きかえなさい。

(1) She stayed with us last year. （下線部を for three years にかえて）

_____

(2) They went to Kyoto. They aren't here. （同じ意味の1文に）

_____

4 🏠がつく

次の日本文の意味を表すように，（　　）内の語句を並べかえなさい。

(1) 私の妹は，その本をたった今読み終えたところです。

(the / book / just / reading / finished / has / my sister).

_____

(2) 私はすでにその映画を見てしまいました。

(already / I / movie / watched / have / the).

_____

(3) 以前，公園であなたを見かけたことがあります。

(have / the / before / I / you / in / seen / park).

_____

(4) 祖父は5年前に亡くなりました。

(dead / for / been / my / five / years / grandfather / has).

_____

(5) 私はたった今彼を見送りに空港へ行ってきたところです。

(I / just / have / the airport / been / see / him / to / to / off).

_____

(6) 私は毎日日記をつけることに決めました。

(diary / every / to / decided / I / have / keep / a / day).

_____

5 🔑重要

次の日本文を英語になおしなさい。

(1) 彼女は昨夜から外出しています。

_____

(2) 彼は2年間ずっとここに住んでいます。

_____

(3) 彼女はその本を二度読んだことがあります。

_____

(4) 彼はニューヨークへ行ってしまいました。

_____

(5) 私は以前その絵を見たことがあります。

_____

20 現在完了(2)

重要ポイント

① 現在完了の否定文

□ **否定文＝〈have [has] not＋過去分詞〉**

否定文では，**yet**（まだ），**never**（一度も～ない）がよくいっしょに使われる。

〔完了〕He **has not** come **yet.**（彼はまだ来ていません）

〔経験〕I **have never been** to Okinawa.（私は沖縄へ一度も行ったことがありません）

> 短縮形
> have not=haven't
> has not=hasn't

② 現在完了の疑問文

□ **疑問文＝〈Have [Has]＋主語＋過去分詞～?〉**

疑問文では，**yet**（もう，すでに），**ever**（今までに）がよくいっしょに使われる。

〔完了〕**Have you finished** your homework **yet**?

（もう宿題をし終えましたか）

— Yes, I **have**（はい，終えました）/ No, I **haven't.**（いいえ，終えていません）

Have you ever heard this song?（今までにこの歌を聞いたことがありますか）

> 疑問文への答え方には，
> Not yet.（いいえ，ま
> だです）もある。

□ **疑問文でよく使われる表現**

「期間」をたずねるときは〈**How long ～**〉，「回数」をたずねるときは
〈**How many times**〉を have [has] の前に置く。

〔継続〕**How long have you been** in Tokyo?

（あなたは東京にどのくらいの間いるのですか）

③ 現在完了進行形

□ **現在完了進行形〈have [has]＋been＋-ing〉「現在までずっと…している」**

I **have been waiting** for you since nine o'clock.

（9時からずっとあなたをお待ちしていました）

□ **現在完了進行形の否定文・疑問文**

現在完了進行形の否定文・疑問文のつくり方は，
現在完了の文と同じ。

> 現在完了進行形になるのは「動作」
> を表す動詞のみ。状態を表す動詞
> （be, know, like など）は現在完了
> 進行形にはしないことに注意する。

●否定文は〈have[has] not＋過去分詞〉，疑問文は〈Have[Has]＋主語＋過去分詞～?〉。
● yet, never, How long ～?，How many times ～? などの使い方を覚える。
●過去の動作が現在まで続いていることを強調したいときは，現在完了進行形を用いる。

ポイント **一問一答**

① 現在完了の否定文

次の英文の（　　）内の正しいものを○で囲みなさい。

□(1) She hasn't arrived here (yet / already).

□(2) We have (never / yet) been there.

□(3) I (have / haven't) talked with him yet.

□(4) He (has / hasn't) gone to America. He is still here.

□(5) Davis (has / hasn't) gone to school yet.

② 現在完了の疑問文

次の英文の（　　）内の正しいものを○で囲みなさい。

□(1) Have you cleaned your room (yet / already)?

□(2) How (long / often) have you lived in Kyoto?

□(3) Have you done your work yet?
　　 — Not (have / yet).

□(4) Have you (ever / never) seen such a cute dog?

□(5) Has she ever been to London?
　　 — No, she (yet / hasn't).

③ 現在完了進行形

次の英文の（　　）内の正しいものを○で囲みなさい。

□(1) I (have been read / have been reading) the book since last night.

□(2) Have you (been / been practicing) the piano?

□(3) He (has trying / has been trying) to answer that question for two hours.

□(4) We (have been not played / haven't been playing) soccer for a day.

答
① (1) yet　(2) never　(3) haven't　(4) hasn't　(5) hasn't
② (1) yet　(2) long　(3) yet　(4) ever　(5) hasn't
③ (1) have been reading　(2) been practicing
　　(3) has been trying　(4) haven't been playing

1 〈現在完了の否定文・疑問文〉
次の文を，（　）内の語句を加えて現在完了の文に書きかえなさい。

(1) Does Mary study Japanese? (since last year)

_____

(2) Did you see a bear in the mountain? (ever)

_____

(3) Ken doesn't take a shower. (yet)

Ken _____

(4) Tom doesn't take this train. (never)

Tom _____

(5) Did he read the letter from her? (yet)

_____

2 〈現在完了でよく使われる語句〉 ⚠ ミス注意
次の文の（　）内に入れるのに適当な語句を選び，記号で答えなさい。

(1) Have you (　　) seen that man?

　　ア　yet　　　　　イ　ever　　　　　ウ　never　　　　エ　since

(2) A : Are you going to read the book?

　　B : No. I have (　　) read it.

　　ア　soon　　　　イ　yet　　　　　ウ　already　　　エ　for

(3) (　　) have you seen Mr. Sato this year?

　　ア　How long　イ　How many times　ウ　How many　エ　How much

(4) A : Have you washed the dishes?

　　B : No, not (　　).

　　ア　haven't　　イ　never　　　　ウ　yet　　　　　エ　soon

(5) A : Has she seen your brother?

　　B : No.　She has (　　) seen him before.

　　ア　ever　　　　イ　never　　　　ウ　already　　　エ　just

3 〈現在完了進行形の形〉
次の文の（　　）内から適当な語句を選び，〇で囲みなさい。

(1) I (have been thinking / have thinking) about you since you left.

(2) It (is raining / has been raining) since last night.

(3) He (has playing / has been playing) the guitar for two hours.

(4) My brother (has been sleeping / is sleeping) since yesterday.

4 〈現在完了進行形の否定文・疑問文〉
次の文の（　　）内から適当な語句を選び，〇で囲みなさい。

(1) (Have you been writing / Are you being) a letter for an hour?

(2) How long have you (been listening / had listened) to the music?

(3) We (aren't swimming / haven't been swimming) in the sea all day.

5 〈現在完了と現在完了進行形の意味〉 ●●重要
次の文の意味を表す日本文を完成しなさい。

(1) How many times have you visited Osaka?

あなたは（　　　　　　　　　　　　　　　　　　　　　　　　　　　）。

(2) We have been talking about the problem since this morning.

私たちは（　　　　　　　　　　　　　　　　　　　　　　　　　　　）。

(3) How long have you been reading the news in the paper?

あなたは（　　　　　　　　　　　　　　　　　　　　　　　　　　　）。

(4) I have never seen a cat as big as yours.

私は（　　　　　　　　　　　　　　　　　　　　　　　　　　　　　）。

💡ヒント

1 現在完了の否定文は〈have [has]＋not＋過去分詞〉，疑問文は〈Have [Has]＋主語＋過去分詞～?〉で表す。

2 yet（まだ，もう）は疑問文と否定文でよく使われる副詞。

3 現在完了進行形は〈have [has]＋been＋-ing〉で表す。

4 現在完了進行形の疑問文は〈Have [Has]＋主語＋been＋-ing ～?〉で表す。

5 (1) How を用いた回数をたずねる表現。(2)「～以来ずっと」と動作が現在も継続している状態を強調した言い方。(3) How を用いた期間をたずねる表現。

1 次の日本文の意味を表すように，＿＿に適当な1語を入れなさい。

(1) ケイトはまだ朝食を食べていません。

Kate ＿＿＿＿＿＿ ＿＿＿＿＿＿ eaten breakfast ＿＿＿＿＿＿ .

(2) 私は5時間ずっと働き続けています。

I ＿＿＿＿＿＿ ＿＿＿＿＿＿ ＿＿＿＿＿＿ ＿＿＿＿＿＿ five hours.

(3) 彼はこれまでに一度もデンマークに行ったことはありません。

He ＿＿＿＿＿＿ ＿＿＿＿＿＿ ＿＿＿＿＿＿ ＿＿＿＿＿＿ Denmark before.

(4) ロンドンにはどれくらい住んでいますか。

＿＿＿＿＿＿ long ＿＿＿＿＿＿ you ＿＿＿＿＿＿ in London?

2 次の各組の2文がほぼ同じ内容を表すように，＿＿に適当な1語を入れなさい。

(1) Jiro started to study this morning. He is still studying now.

Jiro has ＿＿＿＿＿＿ ＿＿＿＿＿＿ ＿＿＿＿＿＿ this morning.

(2) Nancy wants to see the movie, but she doesn't see it.

Nancy ＿＿＿＿＿＿ ＿＿＿＿＿＿ the movie ＿＿＿＿＿＿ .

(3) This is my first visit to Hokkaido.

I have ＿＿＿＿＿＿ been to Hokkaido before.

3 ⚠ ミス注意

次の英文を（　　）内の指示にしたがって全文を書きかえなさい。

(1) She has stayed in Japan for three years and a half. (下線部を中心にたずねる文に)

＿＿＿＿＿＿＿＿＿＿＿＿＿＿＿＿＿＿＿＿＿＿＿＿＿＿＿

(2) I have visited Yamagata twice. (下線部を中心にたずねる文に)

＿＿＿＿＿＿＿＿＿＿＿＿＿＿＿＿＿＿＿＿＿＿＿＿＿＿＿

(3) I have used this computer for six hours. (現在も動作が継続していることを示す文に)

＿＿＿＿＿＿＿＿＿＿＿＿＿＿＿＿＿＿＿＿＿＿＿＿＿＿＿

(4) Bob has eaten Japanese food. (「一度も～ない」という否定文に)

＿＿＿＿＿＿＿＿＿＿＿＿＿＿＿＿＿＿＿＿＿＿＿＿＿＿＿

4 🔑重要

次の日本文の意味を表すように，（　　）内の語を並べかえなさい。

(1) 私は昨晩からずっとこの本を読み続けています。

(since / I / have / reading / book / night / been / read / this / last). (1 語不要)

_____

(2) あなたは今までに北海道へ行ったことがありますか。

(to / have / Hokkaido / been / ever / you)?

_____

(3) しばらくお会いしませんでしたね。

(a / you / seen / haven't / for / time / long / I).

_____

(4) あなたは何度，自分の部屋をそうじしたことがありますか。

(you / how / cleaned / room / many / have / your)? (1 語不足)

_____

(5) その問題についてずっと考え続けているのですか。

(thinking / problem / have / about / you / the)? (1 語不足)

_____

(6) ジョンがブラジルに行ってから，便りがありません。

(moved / heard / Brazil / I / since / haven't / John / to / he / from).

_____

5 🏠差がつく

次の日本文を英語になおしなさい。

(1) 私はこれまでに一度も外国へ行ったことがありません。

_____

(2) あなたは私をどのくらいの間待っていたのですか。

_____

(3) もう宿題は終わったのですか。

_____

(4) 彼女はまだレポートを書いていません。

_____

(5) その動物園には何回行ったことがありますか。

_____

◎制限時間**40**分
◎合格点**80**点
▶答え　別冊p.45

点

1 次の文の（　　）内に入れるのに適当な語句を選び，記号で答えなさい。　　　〈2点×10〉

(1) You don't like onions and carrots. I don't like them, (　　).

　ア　never　　　　　イ　either　　　　ウ　too　　　　　エ　ever

(2) She has been busy (　　) she came to Japan.

　ア　before　　　　イ　till　　　　　ウ　for　　　　　エ　since

(3) There (　　) much snow in the garden then.

　ア　is　　　　　　イ　are　　　　　ウ　was　　　　　エ　were

(4) I have two pens here. One is mine, and (　　) is my friend's.

　ア　another　　　　イ　other　　　　ウ　the other　　エ　others

(5) This book sells (　　) because it is very interesting.

　ア　good　　　　　イ　well　　　　　ウ　many　　　　エ　much

(6) My computer set is very old. I'm going to buy a new (　　).

　ア　this　　　　　イ　that　　　　　ウ　one　　　　　エ　it

(7) There (　　) so many bad things happening around me.

　ア　has had　　　　　　　　　　　イ　has been

　ウ　have had　　　　　　　　　　　エ　have been

(8) Give me two (　　). I will give my phone number to John and Mary.

　ア　pieces of paper　　　　　　　イ　piece of papers

　ウ　parts of paper　　　　　　　　エ　part of papers

(9) This table is made (　　) wood.

　ア　of　　　　　　イ　from　　　　ウ　by　　　　　　エ　to

(10) There is (　　) in June in Japan.

　ア　many rain　　　　　　　　　　イ　many rains

　ウ　a lot of rain　　　　　　　　　エ　a lot of rains

(1)		(2)		(3)		(4)		(5)	
(6)		(7)		(8)		(9)		(10)	

2 次の日本文の意味を表すように，（　　）内の語を並べかえなさい。　　　〈3点×5〉

(1) ミキは奈良へ5回行ったことがあります。

Miki (been / Nara / has / five / to) times.

(2) 今朝からずっとテレビを見ているのはだれですか。

(since / morning / who / TV / watched / has / watching / been / this)? (1語不要)

(3) 今までに1人で海外旅行をしたことがありますか。

(traveled / you / have / ever / foreign / to / countries / alone)?

(4) あなたのおじさんはオーストラリアに住んでどのくらいになりますか。

(uncle / has / how / lived / your) in Australia? (1語不足)

(5) バイオリンの弾き方を試しに習ってみたことはありますか。

(tried / you / how / have / violin / play / ever / learning / to / the / trying)?

(1語不要)

(1)	
(2)	
(3)	
(4)	
(5)	

3 次の日本文を（　　）内の語句を用いて英語になおしなさい。（　　）内の語句は必要に応じて形を変えること。　　　〈4点×4〉

(1) あなたは何回，フランス料理を食べたことがありますか。(many, French food)

(2) もう部屋をそうじしましたか。(have, clean)

(3) あなたは UFO を見たことがありますか。(ever, see)

(4) 先週からずっと雪が降っています。(snowing, last week)

(1)	
(2)	
(3)	
(4)	

4 次の各組の2文がほぼ同じ内容を表すように、＿＿に適当な1語を入れなさい。　〈3点×6〉

(1) My grandfather went to America 20 years ago and he still lives there.

　　My grandfather ＿＿＿＿＿＿ lived in America ＿＿＿＿＿＿ 20 years.

(2) He has written down every word of the poem.

　　He has written down ＿＿＿＿＿＿ ＿＿＿＿＿＿ of the poem.

(3) My grandfather has been dead for ten years.

　　My grandfather ＿＿＿＿＿＿ ten years ＿＿＿＿＿＿.

(4) Ken began making dinner three hours ago and he is still doing it.

　　Ken has ＿＿＿＿＿＿ ＿＿＿＿＿＿ dinner for three hours.

(5) Every child in his family goes to school by bus.

　　All the ＿＿＿＿＿＿ in his family ＿＿＿＿＿＿ to school by bus.

(6) This is my first time to try Japanese food.

　　I have ＿＿＿＿＿＿ ＿＿＿＿＿＿ Japanese food before.

(1)			(2)		
(3)			(4)		
(5)			(6)		

5 次の英文を日本語になおしなさい。　〈4点×4〉

(1) These dishes haven't been washed yet.

(2) The meeting room has been used by the tennis club since this morning.

(3) I have never seen such a beautiful mountain.

(4) Each of them wanted to buy his own camera.

(1)	
(2)	
(3)	
(4)	

6 次の各組の対話文を完成させなさい。(1)は（　　）内の語を適当な形に書きかえなさい。(2)，(3)は（　　）内の語を並べかえなさい。　〈2点×3〉

(1) A : Do you know this song?

　　B : Yes, I have (hear) it before.

(2) A : (gone / have / long / how / been / many / you / times / to) her concert?（2語不要）

　　B : Twice.

(3) A : Whose notebooks are they?

　　B : (is / and / others / Tom's / one / other / is / the / ,) mine.（1語不要）

(1)	
(2)	
(3)	

7 次の各文のうち，現在完了の用法がほかの2つとちがうものを選び，記号で答えなさい。　〈3点×3〉

(1) ア　All of us have learned English from Mr. Brown before.

　　イ　I have never met your younger brother at school.

　　ウ　We have known each other for a long time.

(2) ア　He has been running for three hours.

　　イ　How often have you had snow in your town?

　　ウ　I have seen some pictures of his before.

(3) ア　Has Bob left for New York yet?

　　イ　I have just finished writing a story.

　　ウ　My sister has been to London twice.

(1)		(2)		(3)	

②

□ 編集協力　㈱プラウ21（益田春花）　白石あゆみ　松崎浩子

□ 本文デザイン　小川純（オガワデザイン）　南彩乃（細山田デザイン事務所）

□ イラスト　㈱プラウ21

シグマベスト
実力アップ問題集
中2英語

本書の内容を無断で複写（コピー）・複製・転載することを禁じます。また，私的使用であっても，第三者に依頼して電子的に複製すること（スキャンやデジタル化等）は，著作権法上，認められていません。

© BUN-EIDO　2021　　　Printed in Japan

編　者　文英堂編集部
発行者　益井英郎
印刷所　中村印刷株式会社
発行所　株式会社文英堂
　　　　〒601-8121　京都市南区上鳥羽大物町28
　　　　〒162-0832　東京都新宿区岩戸町17
　　　　（代表）03-3269-4231

●落丁・乱丁はおとりかえします。

実力アップ問題集

EXERCISE BOOK | ENGLISH

解答・解説

中2英語

文英堂

1 現在の文（復習①）

1 (1) **am**　(2) **is**　(3) **Is**　(4) **are**
　　(5) **Is, is**

解説 am，are，is は主語の人称と数によって使い分ける。主語が I のときは **am**，**you** と複数のときは **are**，**he**，**she** や **Ken** など3人称単数のときは **is** となる。
(1)「私はケイトの友だちです」主語が I なので be 動詞は **am**。
(2)「マミのお父さんは医者です」主語は Mami's father（3人称単数）なので，be 動詞は **is**。
(3)「あれはあなたの本ですか」疑問文なので be 動詞が文のはじめにくる。主語は that なので，be 動詞は **is**。
(4)「ケンと私はクラスメートです」主語は Ken だけでも I だけでもなく，Ken and I で2人（複数）なので，be 動詞は **are**。
(5)「その少年は彼女のお兄さん［弟］ですか」「はい，そうです」疑問文も答えも主語は3人称単数なので，be 動詞は **is**。疑問文は，be 動詞が文のはじめにくる。

2 (1) **I'm not**　(2) **Is Mary**　(3) **isn't**
　　(4) **Are these bags**

解説 be 動詞の否定文は be 動詞のあとに **not** を置き，疑問文は be 動詞を主語の前に出す。
(1)「私はサッカー選手です」→「私はサッカー選手ではありません」be 動詞の文を否定文にするには be 動詞のあとに **not** を置く。空所の数から，I am not は I'm not とする。
(2)「メアリーはカナダ出身です」→「メアリーはカナダ出身ですか」be 動詞のある文なので，疑問文にするときは be 動詞 is を主語 Mary の前に置く。
(3)「ワダさんは英語の先生です」→「ワダさんは英語の先生ではありません」be 動詞 is の後ろに **not** を置く。空所の数から，is not は **isn't** と短縮形にする。
(4)「これらのかばんはあなたのものです」→「これらのかばんはあなたのものですか」be 動詞 are を主語 these bags の前に置く。

3 (1) **Is your mother, she is**
　　(2) **Are you, I'm not**
　　(3) **Are, mine, they are**

解説 (1)「あなたのお母さんは数学の先生です」→「あなたのお母さんは数学の先生ですか」「はい，そうです」be 動詞 is を主語 your mother の前に置く。答えには，主語が your mother（＝she），be 動詞が is なので，she is を使う。
(2)「あなたはアメリカ人です」→「あなたはアメリカ人ですか」「いいえ，ちがいます」be 動詞 are を文のはじめに出して疑問文をつくる。質問は Are you 〜? だが，答える人から見ると主語 you は自分（ I ）のことなので，I am を使って答える。No の答えなので，最後に not をつける。
(3)「これらの絵［写真］は私のものです」→「これらの絵［写真］は私のものですか」「はい，そうです」主語は These pictures（＝They），be 動詞は are なので，are を these pictures の前に置いて疑問文をつくる。答えには they are を使う。

4 (1) **like**　(2) **have**　(3) **write**
　　(4) **play**　(5) **know**

解説 (1)「あなたは音楽がとても好きです」「好き」という意味の動詞は **like**。
(2)「彼らは40冊の本を持っています」「持っている」という意味の動詞は **have**。
(3)「私はよく友だちに手紙を書きます」「書く」という意味の動詞は **write**。
(4)「私の兄［弟］たちはテニスをします」「〜をする」という意味の動詞は **play**。
(5)「私たちは彼の名前を知っています」「知っている」という意味の動詞は **know**。

5 (1) **don't have**　(2) **don't go**
　　(3) **Do, play**

解説 一般動詞の否定文は〈do not[don't]＋動詞の原形〉で表す。疑問文は〈Do＋主語＋動詞の原形〜?〉の形。
(1)「あなたは新しい自転車を持っています」→「あなたは新しい自転車を持っていません」主語は You で一般動詞 have があるので，否定文をつくるには **don't** を動詞の前に置く。
(2)「トモコと私はバスで学校に行きます」→「トモコと私はバスで学校に行きません」主語が Tomoko

and I なので，**don't** を動詞の前に置く。動詞の原形 **go** があとに続く。

(3)「あなたのお姉さん [妹] たちはピアノを弾きます」→「あなたのお姉さん [妹] たちはピアノを弾きますか」**do** を主語の前に置く。

6 (1) **I[we] don't** (2) **they don't**
(3) **we do**

解説 Do ～? には **do** を使って答える。答えの文の主語は，答える人の視点で考えることに注意する。

(1) A「あなた（がた）はサッカーをしますか」B「いいえ，しません」主語 **you** は答える人からすれば **I[we]** なので，**I[we] don't** となる。

(2) A「トムと彼のお兄さん [弟] はフルートを吹きますか」B「いいえ，吹きません」Tom and his brother → **they** にして答える。

(3) A「あなたとボブは川で泳ぎますか」B「はい，泳ぎます」主語の中の you は答える人からすればI [we] となり，私 [私たち] とボブが主語になるので，**we** で答える。

p.8～9　標準問題の答え

1 (1) **ウ** (2) **エ** (3) **イ** (4) **イ** (5) **イ** (6) **ウ**

解説 (1)「私の姉 [妹] たちは週に1回テニスをします」「テニスをする」は play tennis で表す。**once a week**「週に1回 [度]」

(2)「あなたは音楽がとても好きですか」一般動詞の疑問文なので，**Do** を主語の前に置く。

(3)「私たちのところでは冬にあまり雪が降りません」主語は We なので **don't** を使う。動詞は原形。

(4)「父と私は日曜日には運転しません」主語が My father と I なので，否定文には **don't** を使う。

(5)「あなたたちはアメリカの学生ですか」「いいえ，ちがいます」students と複数になっているので，この you は複数の **you**。答えには we を使う。

(6)「スズキさん夫婦はサンドイッチが好きですか」疑問文や否定文では動詞は原形を使う。

2 (1) **Ken and I go to school by bus.**
(2) **Is her father a doctor?**
(3) **That boy isn't Tom.**
(4) **Do you play the guitar?**
(5) **They don't play baseball.**
(6) **My sister and I leave home at seven in the morning.**

解説 (1)「学校へ行く」は **go to school**，「バスで」は **by bus**。

(2)「医者です」という意味を表すには be 動詞が必要。her father（3人称単数）を主語にし，**is** を補う。

(3)「あの少年」と「トム」を結ぶのは be 動詞 **is**。否定文なので **isn't** を補う。

(4) 一般動詞 play を使った疑問文になる。**Do** を主語の前に補う。

(5) 日本語から，否定文なので，**don't** を補う。

(6)「家を出る」は **leave home**。「朝（に）」は **in the morning** なので，**morning** を補う。

3 (1) **Ken and his friends play football**
(2) **They speak French very well.**
(3) **I have a lot of good friends in my school.**

解説 (1)「ケンと彼の友だちは公園でサッカーをします」

(2)「彼らはフランス語をとてもじょうずに話します」very well「とてもじょうずに」は，French のあとに置く。

(3)「私は学校によい友だちがたくさんいます」まず〈主語 + 動詞〉となる **I have** で始める。残った語句で a lot of good friends, in my school というかたまりをつくり，語順を考える。

4 (1) **Is that picture yours?**
(2) **Do Mary and Bob study French on Sundays?**
(3) **We don't have many rooms in our house.**
(4) **Do you know her name?**
(5) **I am in the sixth grade.**

解説 (1)「あれらの絵 [写真] はあなたのものですか」→「あの絵 [写真] はあなたのものですか」主語を複数から単数にするので，be 動詞も **Are** から **Is** にする。

(2)「メアリーとボブは日曜日にフランス語を勉強します」→「メアリーとボブは日曜日にフランス語を勉強しますか」一般動詞の疑問文なので，**do** を使う。

(3)「私たちの家には部屋がたくさんあります」→「私たちの家には部屋がたくさんあるわけではありません」**don't** を使って否定文をつくる。

(4)「いいえ。私は彼女の名前を知りません」→「あなたは彼女の名前を知っていますか」答えが No, I don't. なので、質問は **Do you ～?** となる。

(5)「トムとメアリーは6年生です」→「私は6年生です」Tom and Mary という複数の主語を I に変えるので、**be** 動詞は **am** になる。

5 (1) **Are, are**　(2) **Do, do**
　　(3) **Do, don't, play**

解説 絵と文の両方をヒントにする。

(1)「あなたの子どもたちは公園にいますか」「はい、います」動詞がないので、空所には **be** 動詞が入る。主語は複数なので、**be** 動詞は are。

(2)「ケンとブラウンさんは英語で話しますか」「はい、話します」文頭に **Do** を置いて疑問文にする。答えにも同じ **do** を使う。

(3)「あなたはバイオリンを弾きますか」「いいえ、弾きません。私はピアノを弾きます」疑問文と答えには **do** を使う。

2 現在の文（復習②）

p.12～13 **基礎問題の答え**

1 (1) **lives**　(2) **has**　(3) **knows**
　　(4) **plays**　(5) **is**

解説 (1) 主語が Jiro と3人称単数なので、動詞に **-s** をつけて **lives** とする。

(2) 主語が this class と3人称単数なので、動詞 **has** を入れる。動詞 **have** は不規則変化の動詞なので注意。

(3) 主語が she と3人称単数なので、動詞に **-s** をつけて **knows** とする。

(4) 主語が Makoto と3人称単数なので、動詞に **-s** をつけて **plays** とする。

(5)「～です」と状態を表す **be** 動詞を入れる。主語が my sister で3人称単数なので **is** が適当。

2 (1) **doesn't go**　(2) **Does, make**
　　(3) **Do, play**

解説 (1)「スーザンはバスで学校へ行きます」→「スーザンはバスで学校へ行きません」主語が3人称単数の否定文なので、**doesn't** を動詞の原形の前に置く。

(2)「あなたのお父さんは毎朝朝食をつくります」→「あなたのお父さんは毎朝朝食をつくりますか」主語が3人称単数の疑問文なので、**Does** を主語の前に置く。**makes** を原形 **make** に戻すのを忘れないこと。

(3)「あなたとあなたのお姉さん[妹]は毎週日曜日にバスケットボールをします」→「あなたとあなたのお姉さん[妹]は毎週日曜日にバスケットボールをしますか」主語が複数なので **Do** を主語の前に置く。

3 (1) **he does**　(2) **I do, helps**
　　(3) **I don't, likes**
　　(4) **she doesn't, speaks**

解説 (1) 主語が Tom と3人称単数なので、**does** で答える。

(2) **Do** で聞かれたら、**do** で答える。2番目の文は主語が my sister と3人称単数なので、動詞に **-s** をつけて **helps** とする。

(3) **Do** で聞かれたら、否定する場合は don't で答える。but 以下の主語は my mother と3人称単数なので動詞に **-s** をつけて **likes** とする。

(4) **Does** で聞かれたら、否定する場合は doesn't で答える。but 以下の主語は she と3人称単数なので動詞に **-s** をつけて **speaks** とする。

4 (1) **using**　　(2) **watching**
　　(3) **writing**　(4) **making**
　　(5) **cutting**　(6) **playing**

解説 (1)(3)(4) e で終わる動詞は e をとって **-ing** をつける。(5)〈短母音＋子音字〉で終わる語は最後の子音字を重ねること。

5 (1) **is**　(2) **are**　(3) **studying**
　　(4) **speaks**　(5) **are singing**

解説 (1)「私の姉[妹]は写真をとっています」空所のあとに taking と -ing の形があるので、現在進行形。主語が my sister なので be 動詞は is。

(2)「彼らはベンチにすわっています」主語が they なので be 動詞は are。

(3)「私は今とても一生懸命勉強しています」空所の前に am という be 動詞があるので、現在進行形。

(4)「ヒデオは毎日フランス語を話します」毎日の習慣を表すのは現在形。現在進行形には〈be 動詞＋動詞の -ing 形〉が必要なので、ここでは現在進行

形をつくれない。

(5)「彼らは今その歌を歌っています」now「今」があるので，現在進行形。

6 (1) **is writing** (2) **aren't studying**
(3) **they using**
(4) **Is, cutting, he isn't**

解説 (1)「兄［弟］は手紙を書きます」→「兄［弟］は手紙を書いています」writes の es をとって -ing をつける。
(2)「あなたはスペイン語を勉強しません」→「あなたはスペイン語を勉強していません」否定文なので be 動詞 are を aren't にする。
(3)「彼らは私たちの教室を使いますか」→「彼らは私たちの教室を使っていますか」use は最後の e をとって -ing をつける。
(4)「マサオは木を切りますか」→「マサオは木を切っていますか」「いいえ，切っていません」cut は最後の t を重ねて -ing をつける。

p14〜15 標準問題の答え

1 (1) エ (2) エ (3) ウ (4) エ

解説 (1) 主語が my aunt と 3 人称単数で一般動詞の文。go は -es をつけて goes とする。
(2) 主語が 3 人称単数の一般動詞の疑問文。Does を主語の前に置く。
(3) 主語が 3 人称単数の一般動詞の否定文。主語のあとに doesn't を置き，動詞の原形を続ける。
(4) 主語が 3 人称単数の一般動詞の文。動詞に -s がつく。

2 (1) **does not get up at six every**
(2) **Is the earth far from**
(3) **What kind of book does your sister**
(4) **What language are you learning**
(5) **I am taking a picture.**

解説 (1)「ケンは毎日 6 時に起きません」Ken が主語なので，do ではなく，does を使う。get up「起きる」
(2)「地球は月から遠いですか」be 動詞の疑問文。〈be 動詞＋主語〜？〉で表す。does が不要。
(3)「あなたのお姉さん［妹］は，ふだんどんな種類の本を読みますか」主語が 3 人称単数の一般動詞の疑問文なので，does を主語の前に置く。What

kind of 〜？「どんな種類の〜？」do が不要。
(4)「あなたは何語を今，習っていますか」現在進行形の疑問文は〈be 動詞＋主語＋-ing?〉で表す。do が不要。
(5)「あなたは何をしているのですか」に対する返答。「私は写真をとっているところです」という文にする。do が不要。

3 (1) **She has breakfast at seven.**
(2) **Does he watch TV every day?**
(3) **She doesn't[does not] study for two hours every day.**
(4) **My father is reading a lot.**
(5) **We aren't[are not] swimming in the pool.**
(6) **What (sport) is Taro playing now?**

解説 (1)「私は 7 時に朝食を食べます」→「彼女は 7 時に朝食を食べます」主語を I から 3 人称単数の she にかえるので，動詞を has にする。
(2)「いいえ。彼は毎日テレビを見ません」という返答から，「彼は毎日テレビを見ますか」という質問文をつくる。主語が 3 人称単数なので，Does を主語の前に置く。
(3)「彼女は毎日 2 時間勉強します」→「彼女は毎日 2 時間勉強しません」主語が 3 人称単数の一般動詞の否定文なので，主語のあとに〈doesn't＋動詞の原形〉を置く。
(4)「父はたくさん本を読みます」→「父はたくさん本を読んでいます」
(5)「私たちはプールで泳ぎません」→「私たちはプールで泳いでいません」swim は m を重ねて -ing をつけることを忘れずに。
(6)「タロウは今テニスをしています」→「タロウは今何をしていますか」tennis は「今していること」なので，what「何」でその内容をたずねる。

4 (1) **am doing** (2) **Are, running**
(3) **Does, go** (4) **Are**

解説 (1) 現在進行形の文。主語が I なので，be 動詞は am。
(2) 現在進行形の疑問文。複数名詞が主語なので，Are を前に出す。
(3) 主語が 3 人称単数の一般動詞の疑問文。Does を主語の前に置く。
(4) 主語が複数の be 動詞の疑問文。Are を前に出す。

5 (1) エ　(2) イ

解説 (1) マサオ「すみません，父に白いシャツを探しているのですが」店員「サイズは何でしょう」マサオ「L です」店員「これはいかがですか」マサオの答えが Large というサイズなので，質問はサイズをたずねる **What size?** だと判断できる。
(2) アン「私は毎日私のイヌと遊ぶの」マイク「何をするの」アン「公園でボールを投げるのよ」マイク「それはいいね」アンの答えが「ボールを投げる」なので，「何をするのか」とたずねていると判断する。

3 過去の文（復習③）

p.18〜19　基礎問題の答え

1 (1) opened ／ア　(2) liked ／イ
　(3) needed ／ウ　(4) stopped ／イ
　(5) studied ／ア　(6) waited ／ウ

解説 -ed の発音は，[d] 以外の有声音のあとでは [d] と発音する。[t] [d] の音のあとでは [id] と発音する。[t] 以外の無声音のあとでは [t] と発音する。何度も読んでそれぞれの発音を覚えよう。
(5)〈子音字＋y〉で終わる単語は，y を i にかえて -ed をつける。studied は [stʌ́did] で [id] のようだが，この [i] はもとの語にある音なので，-ed 自体の発音は [d] である。

2 (1) cut　　(2) spoke　(3) made
　(4) told　　(5) ran　　(6) came
　(7) bought　(8) knew　　(9) thought
　(10) got

解説 不規則動詞の活用は覚えるしかないので，機会があるたびに声に出して練習するようにしよう。(1) の cut-cut-cut のように形が変わらない動詞もあるので注意が必要だ。

3 (1) went　(2) watching　(3) lives
　(4) had　　(5) saw　　　(6) wrote

解説 (1)「私は先週ロンドンに行きました」last week は過去なので went と過去形にする。
(2)「彼らは今テレビを見ています」are があるので現在進行形。
(3)「だれがこの町に住んでいますか」「メアリーです」答えの does から現在の文と判断する。

(4)「ここでは昨年たくさん雪が降りました」last year があるので過去の文。
(5)「トムは昨日その映画を見ました」yesterday があるので過去の文。
(6)「ケイトはこの手紙を3日前に書きました」three days ago があるので過去の文。

4 (1) did, play　(2) didn't study
　(3) did, come

解説 (1)「あなたはバスケットボールをしました」→「あなたはバスケットボールをしませんでした」
(2)「マサオはゆうべ一生懸命勉強しました」→「マサオはゆうべ一生懸命勉強しませんでした」空所が2か所なので，didn't という短縮形を使う。studied を原形 study に戻すのを忘れないこと。
(3)「私の姉［妹］は昨日家に帰ってきました」→「私の姉［妹］は昨日家に帰ってきませんでした」

5 ① didn't　② played　③ Did
　④ did　　　⑤ sang

解説 A「メアリーはゆうべのパーティーでバイオリンを弾いたのですか」B「いいえ。彼女はピアノを弾きました」A「トムは歌ったのですか」B「はい，そうです。彼は2曲歌いました」
①④ did を使った質問に対しては did を使って答える。② play，⑤ sing は過去形にすること。

6 (1) Ben had a nice camera.
　(2) Did you see him yesterday?
　(3) How long[How many hours] did he read the book?

解説 (1)「ベンはよいカメラを持っています」→「ベンはよいカメラを持っていました」動詞 has を過去形にする。
(2)「あなたは昨日彼を見ました」→「あなたは昨日彼を見ましたか」saw を原形の see に戻す。
(3)「彼はその本を2時間読みました」→「彼はどのくらいの時間その本を読みましたか」主語が3人称単数なので，現在形ならば reads と -s がつくはず。ここでは -s がないので過去形と判断し，疑問文には did を使う。下線部は時間の長さを表しているので，疑問詞は How long[How many hours] を使う。

1 (1) **Who ate the cake on the table?**
　(2) **Where did you see him last Sunday?**
　(3) **looked at the picture on the wall**
　(4) **showed the pictures of his family to us**
　(5) **Takeo gave an interesting book to me.**

解説 (1) who「だれが」が文の主語になるので，そのまま動詞を続けて肯定文と同じ語順にする。
(3) look at ～で「～を見る」。
(4) of his family は pictures のあとにきて，**the pictures** を修飾する。

2 (1) **didn't help**
　(2) **What picture did**
　(3) **rained, lot**

解説 (2)「何の～」は what のあとに名詞を続ける。
(3)「降った」は動詞 rain を過去形の **rained** とする。「たくさん」は **a lot**。

3 (1) オ　(2) ウ

解説 有声音のあとは [d]，無声音のあとは [t]，[t] [d] のあとは [id] となるのが原則。
(1) played は [d]。asked，liked，looked は [t]，wanted は [id]，loved は [d]。
(2) stopped は [t]。arrived，opened は [d]，started，needed は [id]，thanked は [t]。

4 (1) **Ken had only two lessons yesterday.**
　(2) **Lucy didn't[did not] speak French at the party.**
　(3) **Did Mary go to Kyoto by bus?**
　(4) **Where did she find the knife?**
　(5) **What did he lose at school?**
　(6) **Who did Rina meet last week?**

解説 (1)「ケンは今日授業が２つしかありません」→「ケンは昨日授業が２つしかありませんでした」today を yesterday にすると，過去の文になる。それに合わせて has を had にする。
(2)「ルーシーはパーティーでフランス語を話しました」→「ルーシーはパーティーでフランス語を話しませんでした」spoke は speak の過去形。didn't を使って否定文にし，spoke は原形 speak にする。

(3)「メアリーはバスで京都へ行きました」→「メアリーはバスで京都へ行ったのですか」一般動詞の過去の文なので，疑問文には **Did** を使う。went は原形の **go** にする。
(4)「彼女はナイフを台所で見つけました」→「彼女はどこでナイフを見つけましたか」in the kitchen は「場所」なので **where** を使ってたずねる。一般動詞の過去形の文なので，**did** を使う。
(5)「彼は学校でうで時計をなくしました」→「彼は学校で何をなくしましたか」his watch は〈もの〉なので，**What** を使う。
(6)「リナは先週マイクとボブに会いました」→「リナは先週だれに会いましたか」Mike and Bob は人の名前なので Who「だれ」を使って疑問文をつくる。

5 ① **got** ② **at** ③ **played**
　④ **tennis** ⑤ **studied** ⑥ **two**

解説 全訳 Ａ：ハルコは何時に起きましたか。
Ｂ：６時に起きました。
Ａ：彼女は午後３時から５時まで何をしましたか。
Ｂ：友だちとテニスをしました。
Ａ：彼女は夜，家でどのくらいの時間英語を勉強しましたか。
Ｂ：２時間勉強しました。
①過去形なので got とする。　②「～時に」は at で表す。　③「テニスをした」には play を使う。過去形にするのを忘れないこと。　⑤ study の過去形は studied。⑥表によると８時から10時まで勉強しているので，２時間となる。

4 過去の文（復習④）

1 (1) **was** (2) **were, are** (3) **is**
　(4) **Was** (5) **were**

解説 (1)「彼は昨年は学生でした」last year があるので過去の文。主語が３人称単数なので **was**。
(2)「私の両親は昨日は東京にいましたが，今は京都にいます」前半は yesterday があるので過去の文。後半は今のことなので現在の文にする。
(3)「出かけましょう。太陽が出ています」Let's ～は「～しましょう」と誘う表現。現在のことなので，現在進行形になる。

(4) A「あなたのお兄さん［弟］は昨日忙しかったですか」B「いいえ。彼は先週仕事を終えました」

(5) A「どこにいたのですか，ケイト」B「図書館にいました」

2 (1) **Was Junko** (2) **Were you**
(3) **Was Jiro** (4) **Were they**

解説 be 動詞の過去の疑問文は **Was［Were］〜?** と be 動詞を主語の前に出す。
(1)「ジュンコは昨日札幌にいました」→「ジュンコは昨日札幌にいましたか」
(2)「あなたはそのとき有名な芸術家でした」→「あなたはそのとき有名な芸術家でしたか」
(3)「ジロウはみんなに親切でした」→「ジロウはみんなに親切でしたか」
(4)「彼らは先週忙しかったです」→「彼らは先週忙しかったですか」

3 (1) **I was not［wasn't］in Kumamoto last Friday.**
(2) **Makoto was not［wasn't］a student two years ago.**
(3) **We were not［weren't］at home yesterday.**

解説 (1)「私は熊本にいません」→「私は先週の金曜日，熊本にいませんでした」I'm（＝I am）not の am を was にして，**was not［wasn't］** とする。
(2)「マコトは学生ではありません」→「マコトは2年前，学生ではありませんでした」is を was にして，**was not［wasn't］** とする。
(3)「私たちは家にいません」→「私たちは昨日家にいませんでした」aren't［are not］の are を were にして **were not［weren't］**。

4 (1) **was** (2) **Were, washing**
(3) **were, having** (4) **were, meeting**

解説 (1)「彼はその時にはテニスをしていました」主語は3人称単数なので **was**。
(2)「あなたはあなたのイヌを洗っていましたか」主語が you の場合は **Were** を使う。be 動詞があるので動詞は進行形にする。
(3)「ジムとメアリーは朝食をとっていました」主語が Jim and Mary と複数なので be 動詞は **were**。
(4)「私たちは祖父母と会ってはいませんでした」We は複数なので be 動詞は **were**。

5 (1) **wasn't playing**
(2) **Were, singing, they were**
(3) **Was, listening, she wasn't**

解説 (1)「遊んでいなかった」という進行形なので **wasn't playing** とする。
(2) 主語は Ken and Yumi と複数なので be 動詞は **were**。
(3)「音楽を聞く」は **listen to music**。

6 (1) **Our teacher was reading an English book.**
(2) **What movie were they watching?**
(3) **He was not cleaning the room.**

解説 (1) 日本文から過去進行形の文だと考える。主語 Our teacher に **was reading** an English book を続ける。
(2)「何の映画」を **what movie** とする。
(3)「そうじしていませんでした」なので，**was not cleaning**。

p.26〜27 標準問題の答え

1 (1) **listening** (2) **swimming**
(3) **lying**

解説 (1)「ケンは先週何を聞いていましたか」**was** があるので進行形だと判断できる。
(2)「ボブのお兄さん［弟］は川で泳いでいました」**swim** は **m** を重ねて **-ing** をつけること。
(3)「そのイヌはベッドの近くに横たわっていました」**lie** は **ie** を **y** にしてから **-ing** をつける。

2 (1) **Were you and your brother at home yesterday?**
(2) **We were not in the same class last year.**
(3) **How long was he sick in bed?**
(4) **What were you looking for last week?**

解説 (1) 主語は「あなたとあなたの弟」なので you and your brother で複数。疑問文なので，この前に be 動詞 **were** を置く。
(2)「同じクラスである」は **be in the same class** なので，これを否定文にする。
(3)「どのくらい長く」は **How long**。疑問詞は必ず文のはじめに置く。「病気で寝ている」は **be**

sick in bed で表す。

(4)「〜を探す」は look for 〜。

3 (1) **Was her grandmother in the kitchen yesterday? / Her grandmother wasn't[was not] in the kitchen yesterday.**

(2) **Were you and your sister helping Kate? / You and your sister weren't [were not] helping Kate.**

(3) **Was that book interesting? / That book wasn't[was not] interesting.**

解説 be 動詞がある文の疑問文は be 動詞を主語の前に出し，否定文は be 動詞のあとに not を入れる。
(1)「彼女のおばあさんは昨日台所にいました」→「彼女のおばあさんは昨日台所にいましたか／彼女のおばあさんは昨日台所にいませんでした」
(2)「あなたとあなたのお姉さん [妹] はケイトを手伝っていました」→「あなたとあなたのお姉さん [妹] はケイトを手伝っていましたか／あなたとあなたのお姉さん [妹] はケイトを手伝っていませんでした」
(3)「あの本はおもしろかったです」→「あの本はおもしろかったですか／あの本はおもしろくありませんでした」

4 (1) **Was, wasn't, was**

(2) **are, weren't, were, was, went[walked]**

(3) **was, was**

解説 会話の状況と流れをよく見きわめて解答する。
(1) A「先週の日曜日アレックスは箱根にいましたか」B「いいえ，いませんでした。彼は東京にいました」
(2) A「あなたは水曜日にはたいていイヌといっしょに公園にいるのに，この前の水曜日にはそこにいませんでしたね。どこにいたのですか」B「この前の水曜日？　ああ，病気だったんです。母がイヌといっしょに公園に行きました」最初の文の前半は usually, on Wednesday から，習慣を表す現在形だとわかる。後半は last Wednesday があるので過去形にする。最後の空所はあとに to があるので be ではなく go を過去形にして went を使う。
(3) A「あなたのおじさんはそのとき何をしていたのですか」B「彼は壁をぬっていました」

5 ① **were** ② **sitting**
③ **eating[having]**

解説 「タロウと彼の兄 [弟] は昨日公園にいました。私がそこへ行ったとき，彼らは木の下にすわってメアリーと昼食を食べていました」絵と文の両方をヒントにしながら考える。
① 主語は2人なので were。② 絵を見ると2人は木の下に「すわって」いるので sitting。t を重ねることを忘れないように。③ 絵を見るとメアリーと3人で食べているので eating。

6 (1) **They were dancing in the garden.**

(2) **Where was your father last Tuesday?**

(3) **You were not[weren't] in the room then[at that time].**

解説 (1)「ダンスをする」は dance。-ing をつけるときには最後の e をとる。
(2)「どこに」を表す where は文の最初に置く。「この前の火曜日」last Tuesday は文の最後に置く。
(3)「いませんでした」なので were not[weren't] と否定にする。「そのとき」は then[at that time] で表し，「時」を表す語句はふつう文の最後に置く。

p.28〜31	**実力アップ問題**の答え

1 (1) **is** (2) **was** (3) **were**
(4) **didn't** (5) **did**

2 (1) **wrote to**
(2) **was drinking[having]**
(3) **are climbing**

3 (1) エ (2) エ

4 (1) **swimming**
(2) **are playing[practicing]**
(3) **was making**

5 (1) **How many birds did you see there**
(2) **and Yumi came from Osaka**
(3) **met an old friend of mine on the bus**
(4) **bought a new dress for her daughter**

6 (1) **Mark and I are doctors at this hospital.**

(2) **Does Mr. Brown use that dictionary every day?**

(3) **How tall is your aunt?**

(4) **He was playing tennis yesterday.**

(5) **I am[I'm] watching a movie now.**

7 (1) **What was she doing?**

(2) **How did Jim come to school?**

(3) **What did you eat with John last week?**

8 (1) 私は昨日の朝，父といっしょに走っていました。

(2) ケイトは今朝，教室にいませんでした。

(3) あなたはこのコンピューターを使っていましたか。

9 (1) **My father took it in Canada.**

(2) **Does he[your father] often go overseas[abroad / to foreign countries]?**

10 (1) ① **What did**　② **How**

(2) あなたの週末はどうでしたか。

(3) **took**

(4) **I went to the movies on Saturday, too.**

解説 1 (1)「みんな歌を歌っています」空所のあとが singing なので，現在進行形だとわかる。Everyone は単数扱いの主語なので be 動詞は **is**。

(2)「マリは先月ニュージーランドにいました」**last month** があるので過去形。

(3)「トムと私は 3 年前，ニューヨーク大学の学生でした」**three years ago** なので過去形。主語の Tom and I は複数なので be 動詞は **were**。

(4)「彼らは昨日学校へ行きませんでした」**yesterday** は過去のことなので did の否定形 **didn't** を使う。

(5)「あなたのおばさんは 2 年前どこに住んでいましたか」live があるので **did** を使う。

2 (1)「書きました」なので過去形にする。「～に手紙を書く」は **write to ～**。

(2)「飲んでいました」と過去に進行中の動作を表すので過去進行形にする。

(3)「今，登っている」なので現在進行形にする。

3 (1) A「夏休みはどうでしたか」B「すごくよかったです。家族と長野へキャンプに行ったんです」It was great. という答えから，様子をたずねたことがわかる。

(2) A「昨日はどこへ行きましたか」B「川へ行きました」**where** は〈場所〉をたずねる疑問詞なので，**エ** が適切。

4 (1)「タカシは友だちと海で泳いでいます」**swimming** と，**m** を重ねること。

(2)「ベスとルーシーは今ギターを弾い[練習し]ています」

(3)「彼は昨夜お姉さん[妹]とパイをつくっていました」

5 (1)「どれくらいの数の～」は **how many ～** で表す。これを疑問詞として文頭に置き，あとはふつうの疑問文の語順にする。過去形なので，do は **did** にする。

(2)「昨日」と過去を表す単語があるので，come は **came** にする。

(3)「会いました」は過去のことなので，動詞を過去形にする。「昔からの友だち」は **an old friend of mine**。

(4)「買ってあげた」は過去のことなので buy は **bought** にする。

6 (1)「私はこの病院の医師です」→「マークと私はこの病院の医師です」Mark and I は複数の主語なので be 動詞を **are** にする。また 2 人なので，doctor も複数形にする。

(2)「ブラウンさんはあの辞書を毎日使います」→「ブラウンさんはあの辞書を毎日使いますか」use という一般動詞を使った現在の文なので，疑問文にするときには **does** を使う。

(3)「私のおばは身長160センチです」→「あなたのおばさんは背の高さはどのくらいですか」背の高さをたずねるときには「どのくらい高いか」という疑問詞 **how tall** を使う。

(4)「私たちはテニスをしています」→「彼は昨日テニスをしていました」

(5)「私は昨夜映画を見ていませんでした」→「私は今映画を見ているところです」

7 (1)「彼女は本を読んでいました」→「彼女は何をしていましたか」reading a book の部分に下線があるので，「何をしていたか」という意味の質問にする。その場合，動詞には do を使って **doing** とする。

(2)「ジムはバスで学校に来ました」→「ジムはどうやって学校に来ましたか」by bus は「手段」を表すので how でたずねる。came という一般動詞を使った過去の文なので，疑問文には did を使う。

(3)「私はジョンと先週ケーキを食べました」→「あなたはジョンと先週何を食べましたか」some cake に下線があるので，「何」をたずねる疑問文にする。

8 (1) was running なので，「〜していた」という**過去進行形**。

(2) was not in 〜「〜にいなかった」という**過去形**。

(3) 過去進行形なので「〜していましたか」という日本語にする。

9 (1)「(写真)をとる」には take を使う。過去形は **took**。

(2) B の父親について聞いているので，主語は he[your father]。「海外に行く」は **go overseas [abroad]** または **go to foreign countries**。

10 **全訳** カズ：この前の日曜日は何をしたの。

マキ：姉[妹]と動物園へ行ったわ。

カズ：どうだった？

マキ：すごく楽しかったわ！　私はクマが好きなの。あなたの週末はどうだった？

カズ：うん，ぼくは部屋で本を読んでいたんだ。それから，兄が映画に連れて行ってくれたよ。

マキ：それはいいわね！　私も土曜日に映画を見に行ったわ。

(1) ① マキの答えから，カズが「何をしたか」を聞いたことがわかる。last Sunday のことについて聞いているので過去形 did を使う。　② マキの答えが「すごく楽しかった！」なので，「どうだった？」という意味の質問だと判断できる。何かを相手が気に入ったかどうかをたずねるときには **How do[did] you like it?** を使う。

(2) **How about 〜?** は「〜はどうですか」という意味。your weekend は過去のことなので，過去の文に訳す。

(3) 過去のことを話しているので，take も過去形にする。

(4)「映画を見に行く」は **go to the movies** または **go to see a movie** でもよい。「私も」なので too を使う。

5 未来を表す文

p.34〜35 基礎問題の答え

1 (1) **am going to**　(2) **Are, going to**
　(3) **is not going to**

解説 (1)「私はサッカーをします」→「私は今日の午後サッカーをするつもりです」

(2)「あなたは宿題をしますか」→「あなたは宿題をするつもりですか」be 動詞 are を主語 you の前に出す。

(3)「彼は小説を読みません」→「彼は小説を読むつもりではありません」空所が4つあるので is not とわかる。

2 (1) **won't**　(2) **will get**
　(3) **When will, come**

解説 (1)「ブラウンさんは忙しくありません」→「ブラウンさんは明日忙しくないでしょう」否定文なので will not だが，空所の数から短縮形 **won't** となる。

(2)「彼は7時に起きます」→「彼は来週は7時に起きます」will のあとは動詞はつねに原形。主語が3人称単数でも動詞に -s をつけない。

(3)「彼らはいつ家に帰ってきますか」→「彼らは明日のいつ家に帰ってくるのですか」疑問詞 when のあとに will を置く。

3 (1) **Is Tom going to study abroad? / he is**

　(2) **I'm not going to visit Australia.**

　(3) **Will Lisa buy any[some] food tomorrow? / she will not[won't]**

解説 be 動詞のある文の疑問文は be 動詞を主語の前に出す。答えるときも be 動詞を使う。否定文は be 動詞のあとに not を入れる。

(1)「トムは留学する予定です」→「トムは外国に留学する予定ですか」「はい，そうです」
study abroad「留学する」

(2)「私はオーストラリアを訪れるつもりです」→「私はオーストラリアを訪れるつもりはありません」

(3)「リサは明日食料を買います」→「リサは明日食料を買いますか」「いいえ，買いません」will のある文の疑問文は will を主語の前に出す。

4 (1) エ (2) ア (3) オ (4) ウ

解説 (1)「あなたのお母さんは今夜出かけますか」「いいえ，出かけません」主語は your mother で will を使った疑問文なので，**she** と **will** で答えているものを選ぶ。

(2)「あなたはすぐに戻（もど）ってきますか」「はい，戻ります」主語は you なので，答えには **I** または **we** が使われているとわかる。

(3)「あなたは何をするつもりですか」「テレビを見るつもりです」何をするかをたずねられているので，**Yes. / No.** では答えない。

(4)「あなたのお兄さん［弟］は買い物に行くつもりですか」「はい，そうです」主語は your brother で be 動詞 is を使った疑問文なので，**he** と **is** で答えているものを選ぶ。

5 (1) **Her parents will go to Hokkaido**
　 (2) **It is not going to snow**

解説 (1) will があるので，〈主語＋will＋動詞の原形〉の語順にする。

(2)「雪が降る」の主語は **it**。

p.36〜37　標準問題の答え

1 (1) **are** (2) **sing** (3) **not going**
　 (4) **going**

解説 (1)「ボブと彼の友だちは今日の午後体育館でバスケットボールをするつもりです」主語は複数なので，be 動詞は **are** を選ぶ。gym「体育館」

(2)「私の兄［弟］は来月のパーティーでその歌を歌うつもりです」**be going to** のあとは動詞の原形。

(3)「私たちは来週沖縄へは行きません」We're は We are の短縮形。are があるので，won't は使えない。**not** は be 動詞のすぐあとに置く。

(4)「あなたのお父さんは明日大阪へ行くつもりですか」be 動詞があるので **be going to 〜** の形にする。

2 (1) **won't be** (2) **Where are, going**
　 (3) **When will** (4) **I will**
　 (5) **not going**

解説 (1) 空所の数から，be going to は使えない。

(2) eat の前に to があるので **be going to** を使う。

(3) start が原形なので，**will** を使う。

(4) 空所の数から，**will** を使う。

(5) climb の前に to があるので **be going to** を使う。

3 (1) **How long are you going to stay**
　 (2) **What are you going to buy for Tom?**
　 (3) **will take us to my uncle's house**
　 (4) **When are you going to visit**

解説 (1) 期間の長さをたずねる疑問詞は **How long**。are と to があるので going を補って，**be going to 〜** の文にする。

(2)「何を」にあたる疑問詞 **what** を補う。

(3) 未来形を表す **will** を補う。

(4) going があるので be 動詞 are を補って，**be going to 〜** の文にする。

4 (1) **studies** (2) **will rain**
　 (3) **will[is going to] get**
　 (4) **will[are going to] visit** (5) **went**

解説 (1)「ユミコは毎日英語の勉強をします」習慣を表すのは現在形。主語が Yumiko と3人称単数なので動詞には **-s** をつける。

(2)「明日は雨が降るでしょう」tomorrow があるので未来の形にする。

(3)「父はすぐによくなるでしょう」soon は「やがて，すぐに」という近い未来を表す。

(4)「彼らは今度の夏，青森を訪ねるでしょう」next summer は未来のことを表すので，未来の形にする。

(5)「私たちは先週，博物館に行きました」last week は過去のことを表すので，過去形にする。

5 (1) **is going, go** (2) **How, is, going**
　 (3) **won't go[aren't going], next Sunday**

解説 (1) be going to のあとは動詞の原形にする。

(2)「ロイはどのくらいの期間そこに滞在（たいざい）するのですか」疑問詞 **how long** のあとにふつうの疑問文と同じように be 動詞を置く。

(3)「私たちは次の日曜日に図書館へは行きません」next Sunday は未来のことなので，**will** を使った否定文にする。また，現在進行形で近い未来を表すことができるので，**aren't going** としてもよい。

6 (1) **What are you going to cook[make] for dinner tomorrow[tomorrow's dinner]?**
　 (2) **Who will play the piano this afternoon?**

(3) **I will sell this car next week.**

(4) **Bob is not[isn't] going to (go to) the movies tomorrow.**

解説 (1) going があるので, **be going to ～** の形にする。「明日の夕食」は dinner tomorrow または tomorrow's dinner。dinner は supper でもよい。

(2)「だれが」は who。**Who が主語なので, 肯定文と同じ語順にする。**

(4)「映画に行く」は go to the movies。be going to ～ の形では, going to go と **go** を重ねてもよいし, 省略してもよい。また, 近い未来を表す現在進行形を用いて going to see a movie としてもよい。

6 助動詞(1) can, may, must

p.40～41 基礎問題の答え

1 (1) **must** (2) **can**
(3) **May** (4) **must**

解説「～してもよい」は may, 「～しなければならない」は must, 「～できる」は can で表す。

(3)「～してもいいですか」とたずねるときは May I ～? を使う。May I ～? という質問に対しては, No, you may not. という場合もある。

(4)「～してはいけない」は **must not ～**。

2 (1) **can** (2) **may** (3) **must**

解説 (3)「～しなければならない」は **must**。have to も使えるが, ここでは空所の数が合わない。

3 (1) **able to** (2) **has to** (3) **have to**
(4) **Can**

解説 (1)「私はじょうずに泳ぐことができます」can は **be able to** でいいかえることができる。

(2)「マイクは早く起きなければなりません」「～しなければならない」は **have to ～** でも表すことができる。have は主語が3人称単数なら has になる。

(3)「私たちはたくさんの本を読まなければなりません」

(4)「質問してもいいですか」

4 (1) ア (2) ウ (3) キ (4) イ (5) オ

解説 (1)「彼はカメラを買うつもりですか」「いいえ, ちがいます」**be 動詞のある疑問文には be 動詞で答える。**

(2)「彼はバスケットボールをじょうずにできますか」「はい, じょうずにできます」Can ～? には **can** または **cannot[can't]** を使って答える。

(3)「駅には7時までに行かなければなりませんか」「いいえ, その必要はありません」must も have to も「～しなければならない」という意味だが, 否定の場合, must not は「してはならない」〈禁止〉であるのに対して, don't have to は「しなくてよい」〈不必要〉という意味になる。

(4)「彼は一生懸命勉強しなければなりませんか」「はい, そうです」have to は否定文・疑問文の場合は do[does] を使って一般動詞と同じようにつくる。Does ～? には does または does not を使って答える。

(5)「ドアを開けてもよいですか」「はい, いいですよ」May ～? には **may** または **may not** を使って答える。

5 (1) **won't, able** (2) **had to**
(3) **will have**

解説 (1)「彼は本を読むことができません」→「彼は明日本を読むことができないでしょう」can には未来の形がないので, **will be able to** を使う。

(2)「ケイトはお父さんの手伝いをしなければなりません」→「ケイトは昨日お父さんの手伝いをしなければなりませんでした」must には過去の形がないので **had to** を使う。

(3)「私たちは10時までジョンの家で待たなければなりません」→「私たちは明日ジョンの家で10時まで待たなければなりません」have to の未来は **will have to** で表す。

6 (1) 練習しなくてもよい
(2) 彼女は中国語を話すことができなかった。

解説 (1) don't[doesn't] have to は「～しなくてもよい」という意味。

(2) can の過去の形 could を使った否定文。could not は「～できなかった」という意味。

13

1 (1) **write** (2) **must** (3) **Must** (4) **Can**
(5) **Do**

解説 (1)「マキは英語で報告書を書かなければなりません」**must** のあとは動詞の原形。
(2)「あなたはもう行ってもよいですが，7時までに戻ってこなければなりません」but「しかし」でつながれているので，「行ってもよい」とは反対の内容であると判断できる。
(3)「お皿を洗わなければなりませんか」「いいえ，しなくていいです」答えの内容から，「しなければならないか」という質問だとわかる。
(4)「彼女は窓を開けられますか」「はい，開けられます」Yes, she can. から，「〜できますか」とたずねたことがわかる。
(5)「あなたは夕食をつくらなければなりませんか」「いいえ，しなくていいです」主語が you の have to の疑問文なので **Do** を使う。

2 (1) **May [Can] I** (2) **mustn't**
(3) **may go** (4) **be able**

解説 (1)「〜してもよいですか」は May I 〜? で表す。口語的には Can I 〜? という場合もある。
(2)「〜してはいけない」は **must not** 〜。空所が1つしかないので，mustn't と短縮形を使う。
(3)「〜かもしれない」は **may** 〜 で表す。
(4)「〜できる」という意味は can または be able to を使う。この場合，「明日」から未来の話なので can の未来の形 **will be able to** を使う。疑問文にする時は〈Will＋主語＋be able to 〜?〉で表す。

3 (1) **may not come here by three**
(2) **don't have to get up early tomorrow**
(3) **Will she be able to ski?**
(4) **didn't have to see a doctor last week**
(5) **That woman must be an English teacher.**

解説 (1)「おじは3時までにここに来ないかもしれません」**by three** は「3時までに」という意味。
(2)「私たちは明日は早起きしなくてもよいです」have と don't, to があるので，「〜しなくてよい」という意味の **don't have to** だと判断する。
(3)「彼女はスキーができるようになりますか」疑問

文なので，〈Will＋主語＋動詞の原形〜?〉の語順にする。ここでは動詞は be 動詞の原形 be。
(4)「私は先週医者にみてもらう必要がなかった」まず see a doctor「医者にみてもらう」というかたまりをつくると，残りがわかりやすい。
(5)「あの女性は英語の先生にちがいありません」ここでは **must** は「〜にちがいない」という推測の意味を表す。

4 (1) **has to** (2) **must not**

解説 (1)「デイビスさんは今夜彼女に電話しなければなりません」主語が3人称単数なので **has** とする。
(2)「そのリンゴを食べてはいけません」Don't 〜.「〜してはいけない」という否定の命令文。**must not** で同じ意味を表すことができる。

5 (1) **I won't [will not] be able to run very fast.**
(2) **I was able to do almost everything.**
(3) **Don't make loud noise here.**
(4) **They didn't have to cut down that old tree.**
(5) **David had to finish his homework last night.**

解説 (1)「私はあまり速く走ることができません」→「私はあまり速く走ることができないでしょう」can ＝ be able to から考える。
(2)「私はほとんど何でもすることができました」**could** ＝ **was able to** となる。
(3)「ここで大きな音を立ててはいけません」「〜してはいけない」という意味を表すには否定の命令文 **Don't** 〜. を使う。
(4)「彼らはあの古い木を切らなければなりませんでした」→「彼らはあの古い木を切らなくてもよかった」had を一般動詞と同じように **didn't have** という否定にする。
(5)「デイビッドは宿題を終わらせなければなりません」→「デイビッドは昨夜宿題を終わらせなければなりませんでした」last night は過去なので，**must** を **had to** にする。

6 (1) **We can see [watch] the full moon tonight.**
(2) **That woman must be kind to everybody [anybody, everyone,**

anyone].

(3) **I must[have to] help my father in the yard.**

(4) **May I borrow your bike?**

解説 (1)「～することができる」は **can**。

(2)「～にちがいない」は **must be ～**。

(3)「～しなければならない」は **must ～** または **have to ～**。

(4)「(自分が) ～してもいいですか」と相手にたずねる場合は **May I ～?** を使う。**Can I ～?** も可。

---

p.44～47 実力アップ問題の答え

1 (1) ウ (2) エ (3) イ (4) ウ

2 (1) ア (2) イ (3) イ (4) ア

3 (1) ウ－ア－エ－イ

　　(2) エ－イ－カ－ウ－オ－ア

　　(3) ア－ウ－キ－エ－カ－イ－オ

4 (1) **had to carry**

　　(2) **going to go**

5 (1) **Do, have** (2) **am able**

　　(3) **must not** (4) **going to**

6 (1) **What can you eat?**

　　(2) **What time[when] will the train leave?**

　　(3) **May I go to the concert?**

7 (1) ウ (2) ウ (3) ア (4) エ

8 (1) **Jane is going to[will] study Japanese tomorrow.**

　　(2) **You don't[do not] have to play the piano after dinner.**

　　(3) **He had to clean his room.**

　　(4) 母は家族全員のために昼食をつくらなければなりません。

　　(5) 彼女は放課後テニスができるでしょうか。

9 (1) 例 **May[Can] I ask you about your family?**

　　(2) 例 **You mustn't[must not] sing in the room.**

　　　　[Don't sing in the room.]

(3) 例 **I am going to[will] go to Australia in August.**

(4) 例 **You must[have to] be quiet in the library.[Be quiet in the library.]**

10 (1) ① エ－イ－ウ－オ－ア

　　　② イ－エ－ア－ウ－オ

　　(2) **Can**

　　(3) **may[can] I**

解説 **1** (1)「私はあの本を読みません」カッコのあとに to があるので **be not going to** を使う。

(2)「彼らは銀行に行かなければなりません」カッコのあとに to があるので，**have to ～** を使う。

(3)「父は来年45歳になります」**will** のあとは動詞の原形。

(4)「ケンは3時半までに来なくてはなりません」**must** のあとは動詞の原形。

2 (1) A「明日ピクニックに行きますか」B「ええ，行きます」B が will を使って答えているので，A は Will you ～? と聞いているのだとわかる。

(2) A「ピアノを弾くつもりですか」B「いいえ，弾きません」A が going to を使い，B が No, I'm not. と答えているので，**be going to** の疑問文だとわかる。

(3) A「私の部屋までこのかばんを運べますか」B「ええ，運べます」

(4) A「3時までに家に帰ってこないといけないですか?」B「いいえ，その必要はありません」

3 (1)「寝る」は **go to bed**。

(2)「散歩する」は **go for a walk**。ふつう文末に，場所を表す in the park を置く。

(3)「パーティーに行く」は go to the party。

4 (1) 過去形なので must ではなく **had to** を使う。

(2) 未来の予定は **be going to ～** で表す。「行く予定」なので **going to go** とする。

5 (1)「私は英語で書かなければなりませんか」**must = have to**

(2)「あなたに自転車を貸すことができます」**can = be able to**

(3)「この部屋で走ってはいけません」Don't ～. = You must not ～.

(4)「彼はテレビで野球の試合を見るだろう」**will = be going to**

15

6 (1)「私はニンジンが食べられます」→「あなたは何が食べられますか」「何」は **what** で表す。

(2)「列車は7時に出発します」→「列車は何時に出発しますか」時間をたずねるのは **what time**。

(3)「はい。コンサートに行ってもいいですよ」→「コンサートに行ってもいいですか」

7 (1) A「こんにちは，トム。今時間がありますか」B「いいえ。急いで駅まで行かなければなりません」No. と答えているので，疑問詞のない質問を選ぶ。なお，Do you have the time? のように **the** がつくと「いま何時ですか」と時刻を聞く疑問文になる。

(2) A「彼は彼の国について話すのでしょうか」B「いいえ，話しません。彼は彼の家族について話します」「彼の家族について話します」という文から，**No.** の意味の答えをすると判断できる。

(3) A「この花の写真をとってもいいですか」B「ええ，どうぞ」

(4) A「仕事がたくさんあるんだ。手伝ってくれますか」B「ええ，できます」Yes, I can. と答えているので Can から始まる「手伝ってくれますか」という質問が正解。

8 (1)「ジェーンは日本語の勉強をしました」→「ジェーンは明日日本語の勉強をします」tomorrow は未来なので **is going to[will] study** とする。

(2)「あなたは夕食のあとにピアノを弾かなければなりません」→「あなたは夕食のあとにピアノを弾かなくてもよいです」「～しなくてもよい」は **do not [don't] have to ～** で表す。

(3)「彼は部屋のそうじをします」→「彼は部屋のそうじをしなければなりませんでした」過去形なので **had to** を使う。

(4) all of my family は「家族全員」。

(5)「～できるだろう」の **will be able to** の疑問文。

9 (1)「～してもいいですか」は May[Can] I ～?，「～について質問する」は **ask you about ～**。

(2)「歌ってはいけない」は **must not[mustn't] sing ～** で表す。must not「～してはいけない」

(3) 未来の予定は **be going to ～** で表すことができる。will を使ってもよい。

(4)「～しなければなりません」は **must** や **have to** で表す。Please を使った命令文にしてもよい。

10 **全訳** スージー：次の日曜日は私の誕生日なの。
ロイ：本当？何歳になるの。

スージー：私は14歳になるの。家族が私のためにパーティーをしてくれるの。あなたはパーティーに来られる？

ロイ：うん。何かすてきなプレゼントを手に入れておくよ。

スージー：いいのよ。そんなことしてくれなくても。

ロイ：でも…。

スージー：ではお願いしてもいいかしら。あなたはギターを弾くのがじょうずなのよね？私のために弾いてくれる？

ロイ：もちろん，いいよ！

(1) ① fourteen years old は1つのかたまり。残りを肯定文の語順に並べる。 ② **don't have to ～**「～しなくてよい」のあとに動詞の原形 do を置く。

(2) ⑦①はどちも can を使った疑問文。①の答えとして of course, I can とあることからもわかる。

(3) ask a favor は「頼み事をする」という意味。May I ～? あるいは Can I ～? で表す。

7 助動詞(2)，There is[are] ～. の文

p.50～51 基礎問題の答え

1 (1) **Will[Would, Could] you**
(2) **Shall we**　(3) **shouldn't**
(4) **Would you like**　(5) **would like**

解説 それぞれ(1)依頼，(2)勧誘，(3)義務，(4)ていねいな勧誘，(5)「～したいのですが」を表す助動詞を含んだ表現。

2 (1) **is**　(2) **are**　(3) **Are**　(4) **is**

解説 There is[are] ～. の文では，～の部分にくるのが主語。主語が単数なら is を使い，複数なら are を使う。

(4) water は数えられない名詞なので There is となる。

3 (1) **There isn't[is not] a girl near the door.**
(2) **Are there any flowers in the garden?**
(3) **How many tigers are there**

解説 (1)「ドアの近くに女の子がいます」→「ドアの近くに女の子はいません」be動詞がある文では，否定文は be動詞のあとに not を置く。

(2)「庭にはいくらか花があります」→「庭には花があ
りますか」There is[are] ~. の疑問文は Is[Are]
there ~? some は疑問文では any。

(3)「動物園にはトラが5頭います」→「動物園には
トラが何頭いますか」five は〈数〉なので，**how
many** でたずねる。〈**How many＋複数名詞＋
are there＋場所を表す語句?**〉となる。

④ (1) **are** (2) **There are**
　(3) **has** (4) **was, snow**

解説 (1)「1年には12か月あります」
(2)「木曜日には授業が5こまあります」
(3)「1月は31日あります」
(4)「昨年，その町には雪がたくさん降りました」

⑤ (1) **ウ** (2) **エ** (3) **ウ**

解説 (1)「ドアの近くにイヌがいますか」「はい，い
ます」Is there ~? の質問なので，**there is** を使
って答える。
(2)「あなたのポケットにはキャンディーが入ってい
ますか」「いいえ，入っていません」**Are there
~?** の質問なので，**there are** を使って答える。
(3)「机の上には雑誌が何冊ありますか」「3冊です」
How many ~? と数を聞かれている。

p.52～53 標準問題の答え

① (1) **Is there** (2) **Shall we**
　(3) **How many, are**
　(4) **aren't any[are no]**

解説 (1) 主語が a library と単数なので，**Is there
~?** でたずねる。
(2)「~しましょうか」と誘うときは **Shall we ~?**
で表す。
(3) 数をたずねるのは〈**How many＋複数名詞
~?**〉。複数名詞なので be 動詞は are。
(4) **not any ~** で「1つも~ない」。

② (1) **Will[Would, Could, Can] you,
　will[Would, Could, Can]**
　(2) **many, is** (3) **Shall I, Yes**

解説 (1)「~してもらえますか」と依頼するときは
Will you ~? で表す。マリの依頼に対するユミコ
の will は意志を表している。
(2) オカさん「あなたの家には部屋がいくつありま

すか」カトウさん「5つです。私の部屋は2階です」
Five. と数を答えているので How many ~? の質
問だとわかる。
(3)「~しましょうか」と提案するときは Shall I ~?
で表す。Yes, please.「はい，お願いします」

③ (1) **Would you like another cup of tea?**
　(2) **Are there any parks in your town?**
　(3) **Are there any beautiful pictures on**
　(4) **Is there a post office around here?**

解説 (1)「~ はいかがですか」と申し出るときは
Would you like ~? で表す。another cup of ~
「もう1杯の~」
(2) Are there any ~? は「1つでも~があります
か」という意味。
(4)「この近くに」は around here。

④ (1) **is** (2) **are** (3) **on**
　(4) **by[near]**

解説 (1)「テーブルの下にイヌが1匹います」1匹な
ので is を使う。
(2)「部屋にはいすが2つあります」
(3)「壁には絵がかかっています」「壁に」は **on the
wall**。
(4)「テレビのそばに花びんがあります」花びんはテ
レビのそばにあるので，**by[near]** を使う。

⑤ (1) **There are some trees in front
　of the house.**
　(2) **Should I bring an umbrella to
　school today?**
　(3) **There weren't[were not] any
　earthquakes last month.**

解説 (1)「家の前には木があります」→「家の前には
木が何本かあります」主語が a tree という単数か
ら some trees という複数になるので，動詞も is
が are になる。
(2)「今日は学校へかさを持っていったほうがいいで
すよ」→「今日は学校へかさを持っていったほうが
いいでしょうか」助動詞の疑問文は助動詞を主語の
前に出す。
(3)「先月は地震が数回ありました」→「先月は地震
が1回もありませんでした」否定文では some は
any に変わる。

6 (1) **Shall we go shopping after school?**
[Let's go shopping after school.]
(2) **There are five apples on the table.**
(3) **Would you come to my house at eight tonight?**
(4) **How many teachers are there in your school?[How many teachers does your school have?]**
(5) **Will[Would, Could] you give these flowers to her?**

解説 (2)「5つ」は複数なので，There are で始める。
(3)「〜していただけませんか」とていねいに依頼するときは Would you 〜? で表す。
(4)「何人」は数なので how many を使う。すぐあとに teachers を置き，how many teachers で「何人の先生」と考える。
(5)「〜してくれますか」と依頼するときは Will you 〜? で表す。

8 いろいろな文の構造

p.56〜57 基礎問題の答え

1 (1) **look** (2) **become** (3) **get**

解説 (1) A「あなたは不幸せそうに見えます」B「はい，今朝自転車が壊れたんです」〈look＋形容詞〉で「〜のように見える」という意味。
(2)「ケンは主将になるでしょう」become 〜 で「〜になる」という意味。
(3)「父はすぐによくなるでしょう」get well は「(病気などから)回復する」という意味。

2 (1) **showed us his picture yesterday**
(2) **will give her a book tomorrow**
(3) **tell me the way to the station**
(4) **made us a big doll**
(5) **Mr. Oka teaches us math.**

解説 (1) to がないので，〈show＋人＋もの〉の語順。
(2) to がないので，〈give＋人＋もの〉の語順にする。
(3)「駅へ行く道」は the way to the station。
(4)「人に〜をつくってあげる」は〈make＋人＋もの〉または〈make＋もの＋for＋人〉の形が使える。
(5)〈teach＋人＋もの〉＝〈teach＋もの＋to＋人〉

3 (1) **She gave a video game to me.**
(2) **I'll make a small model plane for my brother.**
(3) **Tom didn't write a letter to me last month.**
(4) **Did he buy a watch for his sister?**

解説 (1)「彼女は私にテレビゲームをくれました」
(2)「私は兄[弟]に小さな模型飛行機をつくってあげるつもりです」make は to ではなく for を使う。
(3)「トムは先月私に手紙を書きませんでした」
(4)「彼は姉[妹]にうで時計を買いましたか」buy も to ではなく for を使う。

4 (1) 私をボブと呼んでください。
(2) あなたはネコに何という名前をつけましたか。
(3) この歌は私を楽しく[幸せに]してくれます。

解説 (1)〈call＋人＋〜〉で「人を〜と呼ぶ」。
(2) name は「名づける」という意味の動詞。〈name＋人＋〜〉で「人を〜と名づける」。
(3)〈make＋人＋形容詞〉で「人を〜にする」。

5 (1) **What, call** (2) **me a picture**
(3) **What, become[be]**
(4) **you my album** (5) **felt**

解説 (2) 空所の数から，〈give＋人＋もの〉の語順だとわかる。「写真」は photo でもよい。

p.58〜59 標準問題の答え

1 (1) **for** (2) **to me** (3) **lunch for**
(4) **to** (5) **to**

解説 (1)「母は私にドレスを買ってくれました」
(2)「ジェーンは私に漫画の本を何冊か送ってくれました」
(3)「だれがあなたに昼食をつくるのですか」
(4)「先生は生徒たちにおもしろい DVD を見せました」
(5)「姉[妹]は私に彼女の服をくれました」

2 (1) **will become a good tennis player**
(2) **I will show you the pictures**
(3) **will name the cat Tama**
(4) **tell me the name of your school**

(5) **gave it to your sister**

(6) **his friends call him Ken**

(7) **Her songs always make me very happy.**

解説 (1)「リンダはよいテニス選手になるでしょう」**a good tennis player** を1つのまとまりと考える。

(2)「私の家であなたにその写真を見せましょう」

(3)「私たちはそのネコにタマという名前をつけます」

(4)「あなたの学校の名前を教えてください」**the name of your school** を1つのまとまりとして考える。

(5)「だれがあなたの姉[妹]にそれをあげたのでしょう」who で始まる疑問文は主語をたずねる疑問文で, 肯定文と同じ語順になる。

(6) A「わあ, あの男の子はギターをとてもじょうずに弾きますね」B「うん, すごいね」A「名前はなんというの?」B「ケンタロウです。でも彼の友だちは彼をケンと呼んでいます」

(7) A「彼女の新しい歌を聞きましたか」B「はい。彼女の歌を聞くと, 私はいつでもとても楽しくなります」

③ (1) 例 **Please call me Taka.**

(2) 例 **Why do you look so sad?**

(3) 例 **What do you call your dog?**

解説 (2)「悲しく見える」という意味は **look sad**。

④ (1)(ア) その老人はとても楽しそうに見えました。

(イ) その老人は空を見ました。

(2)(ア) 彼は有名なテニス選手になりました。

(イ) どんどん暖かくなってきています。

(3)(ア) メアリーは昨日の朝7時に起きました。

(イ) メアリーは先週病気になりました。

解説 (1)(ア)は「〜に見える」という意味の look, (イ)は「見る」という意味。look at 〜「〜を見る」

(2)(ア)も(イ)も「〜になる」という意味。(イ)**warmer and warmer** は「ますます暖かくなっている」という意味。

(3)(ア)は **get up**「起きる」という意味。(イ)は become と同じで,「〜になる」という意味。

⑤ (1) **Miki lent me this book[lent this book to me].**

(2) **Will[Would, Could] you tell me the rules of this game[tell the rules of this game to me]?**

(3) **Please sing us a song[sing a song for[to] us].**

(4) **That stone looks like a lion.**

解説 lend や teach など, 目的語を2つとる動詞については, 2通りの文が書ける。

(1)「貸す」lend は目的語を2つとる動詞。〈lend＋人＋物〉＝〈lend＋物＋to＋人〉

(2) tell のかわりに show, teach を使ってもよい。

(3)「私たちに歌う」は「私たちのために歌う」という意味なので,〈sing＋人＋歌〉＝〈sing＋歌＋for[to]＋人〉となる。

(4)「〜のように見える」の「〜」に名詞がくる場合には **look like** 〜 とする。

9 接続詞

p.62〜63 基礎問題の答え

① (1) **and** (2) **but**

(3) **or** (4) **and**

解説 (1)「ジェーンとナンシーはよい友だちです」「ジェーンとナンシーは」と考えて **and** でつなぐ。

(2)「私は野球が好きですが, じょうずではありません」「野球が好きです」と「じょうずではありません」という対立するような内容をつなぐのは **but**。

(3)「あなたは紅茶とコーヒーとどちらがほしいですか」疑問詞が which「どちら」なので,「〜か…か」という意味を表す **or**。

(4)「ボブとアン, それにケンが兄[弟]の誕生パーティーに来ました」3人がパーティーに来たという内容なので **and**。3人[3つ]以上をつなぐ場合には, 最後の人[もの]の直前に **and** を置く。

② (1) そうすればケンに会うでしょう

(2) そうしないと学校に遅れますよ

(3) 私はペンを何本か買いましたが, ノートは買いませんでした。

解説 (1)〈命令文, **and** 〜〉で「…しなさい, そうすれば〜」という意味になる。

19

(2) 〈命令文, or ~〉で「…しなさい, そうしないと～」という意味。

3 (1) **Because** (2) **If** (3) **that**
(4) **when**

解説 (1)「～なので」は **because** で表す。
(2)「～すれば」は **if** で表す。
(3) 動詞 think の内容を表すのは **that** に導かれる節。
(4)「～した［する］とき」は **when** で表す。

4 (1) **Because she** (2) **Because he is**

解説 Why ～? の質問に対する答えは **because**「なぜなら～」ではじめるのがふつう。**because** のあとには〈主語＋動詞〉を置く。

5 (1) **When my mother came home, I was watching TV. [My mother came home when I was watching TV.]**
(2) **I'm tired because I cleaned the house.**
(3) **If you are hungry, you may eat this cake.**
(4) **I know that Tom likes Japanese food.**

解説 (1)「母が帰ってきたとき, 私はテレビを見ていました［私がテレビを見ているときに母は帰ってきました］」
(2)「私は家のそうじをしたので疲れました」「家の掃除をした」が「理由」なので, こちらの文のはじめに **because** をつける。
(3)「もしおなかがすいていたら, このケーキを食べてもいいですよ」「おなかがすいていたら」というのが「条件」なので, こちらの文のはじめに **if** をつける。
(4)「私は, トムが和食が好きだということを知っています」Tom likes ～ の文が know の内容なので, こちらに **that** をつける。

6 (1) **Both Tom and Sue can speak Japanese.**
(2) **He is either in the U.S. or in Canada**
(3) **is not for Sendai but for Niigata**

解説 (1)「A も B も両方とも」は **both A and B** で表す。

(2)「A か B かどちらか」という意味は **either A or B** で表す。
(3)「A ではなく B」は **not A but B** で表す。

1 (1) **You'll get well if you go to bed soon.**
(2) **We woke up because there was a storm.**
(3) **He was eating dinner when I visited him.[When he was eating dinner, I visited him.]**
(4) **My brother can speak both Chinese and French.**
(5) **We walked a long way, but we weren't tired at all.**

解説 (1)～(3), (5)〈主語＋動詞～〉＋〈接続詞＋主語＋動詞～〉の文をつくる。
(1)「すぐに寝ればあなたは体調がよくなるでしょう」
(2)「私たちは嵐があったので目が覚めました」there was a storm が we woke up の理由。
(3)「私が訪ねたとき彼は夕食を食べていました」I visited him が「時」を表す。
(4)「私の兄［弟］は中国語もフランス語も話せます」**both A and B** は「A も B も両方とも」という意味。
(5)「私たちのクラスは長い距離を歩きましたが, 全然疲れていませんでした」前半と後半が対立する内容になっている。

2 (1) **were** (2) **was** (3) **comes**
(4) **snows**

解説 (1)「彼と私は昨年クラスメートでした」He and I は複数の主語なので, be 動詞の過去形は **were**。
(2)「ケイトかボブのどちらかが昨日休みました」**either A or B** の動詞は B に合わせる。
(3)「私の母が来たら私は出かけます」when ～ の節では未来のことでも現在で表す。
(4)「明日雪が降ったら, 私は家にいます」if ～ の節では, 未来のことでも現在で表す。「明日」のことだが, snows と現在形にする。

3 (1) **think that**
(2) **and go[before going]**

20

(3) **not, but**　(4) **If, either, or**

(5) **both, and**

解説 (3) **not A but B** の形。

(4)「質問があれば」は「もし～なら」という意味なので **if** を使う。「A か B かどちらか」は **either A or B**。

(5)「A も B も両方とも」は **both A and B**。

4 (1) **Both, and**　(2) **after**　(3) **and**

(4) **or**

解説 (1)「彼も私もバイオリンを弾くのが好きです」「A も B も両方とも」は **both A and B** とする。

(2)「彼女は手紙を書いて，そしてベッドに入りました」→「彼女は手紙を書いたあとでベッドに入りました」

(3)「急ぎなさい，そうすれば映画の時間に間に合います」〈命令文，**and** ～〉「…しなさい，そうすれば～」の形。

(4)「早く起きなさい，そうでなければ遅れます」〈命令文，**or** ～〉「…しなさい，そうでなければ～」の形。

5 (1) **because his father was ill**

(2) **without glasses because she is old**

(3) **if it is hot tomorrow**

(4) **buy the book because she had little money**

解説 (2)「めがねなしで」は **without glasses**。そのあとに「年をとっているので」という理由を置く。

(4)「お金をほとんど持っていなかった」は「ほとんどない」という意味の **little** を用いて **she had little money** で表す。

6 (1) ここへ来てごらん，そうすれば富士山が見えますよ。

(2) 私は彼がここへ来るだろうと思いました。

(3) 彼が遅れて来たので，私は彼を30分待たなければなりませんでした。

(4) 私はその店でリンゴ1つ，モモ1つとオレンジ1つを買いました。

解説 (1)「…しなさい，そうすれば～」という形の文。

(2) 過去における未来を表すのは **would**。

(3) **come late**「遅れる」**half an hour**「30分」

(4)「A, B (,) and C「A と B と C」

1 (1) イ　(2) ア　(3) イ　(4) イ　(5) イ　(6) ア

2 (1) ウ　(2) イ　(3) エ

3 (1) **Neither, nor**　(2) **to me**

(3) **There are**　(4) **looks**

(5) **played until [till]**

4 (1) **I finished my homework while you were sleeping.**

(2) **What does he look like?**

(3) **mother calls her son Koh-chan**

(4) **Get up now, or you will miss the bus.**

5 (1) **Let's**　(2) **to him**

(3) **Hurry up, or**

6 (1) オ　(2) ウ　(3) カ　(4) ア

7 (1) **There are some pictures on the wall.**

(2) **Study hard, and you will succeed.**

(3) **I went to bed early last night because I was very tired. [Because I was very tired, I went to bed early last night.]**

(4) **A present from my mother made me happy. [I felt happy (that) I got a present from my mother.]**

8 (1)（ア）彼女は昨夜私に電話をしてきました。

（イ）彼女は私をジュンコと呼びました。

(2)（ア）私は昨日5時に起きました。

（イ）私は昨日病気になりました。

9 (1) **looks like**　(2) **both, and**

(3) **Shall we go to see her movie if you are free next Saturday? [If you are free next Saturday, shall we go to see her movie?]**

(4) 例 **You must not talk in the library. [Will you be quiet in the library?** など **]**

解説 **1** (1)「私のお父さんが昨日私にすてきなカメラを買ってくれました」〈buy＋もの＋for＋人〉「～に…を買う」

(2)「しっかり勉強しなさい，そうすれば高校に行くことができます」〈命令文，and ～〉「…しなさい，そうすれば～」の形にする。

(3)「トモコは姉［妹］にかばんをつくってあげました」Tomoko made her sister a bag. と同じ意味の文。

(4)「皿にはオレンジがのっていますか」主語が any oranges と複数なので be 動詞は are。

(5) A「明日ピクニックに行きましょうか」B「ええ，そうしましょう」Yes, let's. と答えているので，「～しましょうか」と誘っているとわかる。

(6)「私はあなたが私の家族のことを知っているということを知っています」名詞節を導く that を入れれば，that 節が文の目的語になり，意味が通る。

2 (1) A「この通りに CD ショップはありますか」B「ありますよ。あそこに見えています」Is there ～? に対しては there is を使って答える。

(2) A「今日はなぜ早く来たのですか」B「しなければならないことがあったからです。レポートを終わらせなければいけなかったんです」Why ～? の質問なので because で始まる答えが適切。

(3) A「このかばんをあなたの部屋まで運びましょうか」B「ええ，お願いします。1人では運べないのです」Shall I ～? の質問は「～してあげましょうか」という意味なので，**Yes, please.** または **No, thank you.** で答えることが多い。「1人では運べない」といっているので，「はい，お願いします」と答えたと判断できる。

3 (1)「A も B も（ない）」という場合には **Neither A nor B** を使う。

(2) hand「～を手渡す」は〈hand＋人＋もの〉＝〈hand＋もの＋to＋人〉の形で使う。

(3) three boys「3 人の男の子」は複数なので，**there are** と複数形にする。

(4)〈look＋形容詞〉「～に見える」

(5)「～するまで」は **until[till]**。

4 (1) 接続詞 **while** は「～している間に」という意味。while のあとには〈主語＋動詞〉が続く。and が不要。

(2)〈look like＋名詞〉「～のように見える」What does he ～? の語順にするので，後ろにくる動詞は原形。looks が不要。

(3)〈call＋人＋～〉「人を～と呼ぶ」を使う。for が不要。

(4)〈命令文，or ～〉「…しなさい，そうしないと～」を用いる。and が不要。

5 (1)「この歌を歌いましょうか」Shall we ～? ＝ Let's ～.

(2)「彼女は彼に写真を何枚かあげました」〈give＋人＋もの〉＝〈give＋もの＋to＋人〉

(3)〈命令文，or ... 〉「～しなさい，そうしないと…」の文。

6 (1)「私にあなたの辞書を貸してくれますか」空所に入るのは動詞。選択肢の中で目的語を 2 つとるのは**オ**の lend だけ。

(2)〈either A or B〉「A か B のどちらか」

(3)「その女性は親切な看護師になるでしょう」will のあとなので動詞の原形。**オ，カ，キ，ク**のうちでこの文脈に合うのは**カ**。

(4)〈命令文，and ... 〉「～しなさい，そうすれば…」の文。

7 (1)「壁には絵がかかっています」→「壁には絵が何枚かかかっています」主語が複数にかわると be 動詞も **is** から **are** にかわる。

(2)「もしあなたが一生懸命勉強すれば，あなたは成功するでしょう」→「一生懸命勉強しなさい，そうすればあなたは成功するでしょう」

(3)「私はとても疲れていました。それで，私は昨夜早くに寝ました」→「私はとても疲れていたので，昨夜早くに寝ました」because は「なぜなら」と理由・原因を表す接続詞。

(4)「私は母からプレゼントをもらいました。私はそれについてうれしく思いました」→「私は母からプレゼントをもらいうれしく思いました」〈make A B〉「A を B にする」

8 (1)（ア）call は「～を呼ぶ，～に電話をかける」という意味。（イ）は「人を～と呼ぶ」という意味の **call**。

(2)（ア）get up で「起きる」という意味。

（イ）〈get＋形容詞〉で「～になる」という意味。become と同じように使うことができる。

9 **全訳** 何人かの生徒が図書館で本を読んでいます。けれども 2 人の女の子は話をしています。

A：この雑誌を見て。新しい映画についてよ。

B：まあ，この俳優を見て！なんてきれいなのかしら！彼女はいい人そうにも見えるわね。

Ａ：そうなの。彼女はアメリカでも日本でも有名よ。

Ｂ：彼女は来週日本に来ると聞いたわ。

Ａ：私も聞いたわ。今度の土曜日はひま？彼女の映画を見に行きましょうよ。

Ｂ：いいわね。

(1)〈look like＋名詞〉「～のように見える」主語が3人称単数なので looks と動詞に -s をつけることを忘れないように。

(2)「Ａも Ｂも両方」は both A and B で表すことができる。

(3)接続詞 if「もし～なら」を使って，2つの文をつなげる。

(4)絵には，図書館で話している女子生徒2人と，本を読んでいる男子生徒が描かれている。せりふを言っている男子生徒は怒ったような顔をしているので，女子生徒2人に対して，「図書館で話をしてはいけない」という意味のことを言っていると考えられる。「～するな」という禁止を表す must not を使うか，「～してください」という依頼を表す Will you ～? を使うか，いずれでもこの状況に当てはまる。「静かな」という意味の形容詞である quiet を使う場合には動詞を be にする。

10 不定詞(1)

p.72〜73 基礎問題の答え

1 (1) **play**　(2) **be**　(3) **send**
(4) **to hear**

解説 (1)「マイクはピアノを弾きはじめました」

(2)「あなたは医師になりたいのですか」be 動詞の原形は be。

(3)「彼女はプレゼントを送るために郵便局へ行きました」「目的」を表す to 不定詞の副詞的用法。

(4)「私はその知らせを聞いてとても驚きました」「原因・理由」を表す to 不定詞の副詞的用法。

2 (1) **to study**　(2) **to catch**
(3) **to help**　(4) **to wash**

解説 (1)「目的」を表す to 不定詞の副詞的用法。

(2) try to ～ で「～しようとする」。

(3)「原因・理由」を表す to 不定詞の副詞的用法。

(4) like to ～ で「～するのが好きだ」。

3 (1) **like to**　(2) **began[started] to**
(3) **want to**　(4) **planning to**

解説 (1)「～することが好き」like to ～

(2)「～しはじめる」begin[start] to ～

(3)「～したい」want to ～

(4)「～する計画を立てる」plan to ～

4 (1) **She needs to help her mother.**
(2) **Nancy hopes to visit Japan someday.**
(3) **I would like to speak to Mr. Suzuki.**

解説 (1)「彼女はお母さんの手伝いをする必要があります」need to ～ で「～する必要がある」。

(2)「ナンシーはいつか日本を訪れたいと思っています」hope to ～ で「～したいと思う」という意味。

(3)「スズキさんと話がしたいのですが」would like to ～ は「～したいのですが」と相手に自分の要求をていねいに伝えるいい方。

5 (1) **To make**　(2) **to meet[see]**
(3) **To play**

解説 (1) Ａ「なぜハムとチーズがいるのですか」Ｂ「サンドイッチをつくるためです」

(2) Ａ「この前の日曜日は何をしましたか」Ｂ「友だちに会いに京都へ行きました」

(3) Ａ「なぜボブは公園へ行ったのですか」Ｂ「サッカーをするためです」

p.74〜75 標準問題の答え

1 (1) **ア**　(2) **ア**

解説 (1)「私は泳ぎに行きたいです」ア「彼の夢は英語の先生になることです」イ「彼女は肉を買いに店に行きました」ウ「私はまたあなたに会えてとてもうれしいです」want の目的語の役割を果たしている to 不定詞の名詞的用法。アはこの文の補語の役割を果たしているので，同じ名詞の用法。イは「～するために」という目的を表す副詞的用法，ウは「～して」という感情の原因を表す副詞的用法。

(2)「彼女はコーヒーをいれに台所へ行きました」ア「彼はメアリーの誕生日に彼女にあげるために CD を買いました」イ「大切なことは最善を尽くすことです」ウ「あなたをパーティーに招待したいのですが」問題文の to 不定詞は「～するために」という目的を表す副詞的用法。イ，ウは名詞的用法。アは「あげるために」という副詞的用法。

2 (1) **to study**　(2) **to catch**
　　(3) **to hear[know]**

解説 (1)「私たちは勉強するために学校へ行きます」
(2)「私は魚をとるために湖へ行きました」
(3)「私はそのうわさを聞いて［知って］驚きました」
surprised という感情の「原因」を表す副詞的用法。

3 (1) テレビで何が見たいですか
　　(2) ナンシーと数学の勉強をするためです
　　(3) 会えてとてもうれしかった
　　(4) パイロットになることを決心したのですか
　　(5) バスに乗るために家を早く出ました

解説 (1) **want to ～** で「～したい」という意味。
(2)「目的」を表す to 不定詞の副詞的用法。
(3)「～して喜んだ」と感情の「原因」を表す to 不定詞の副詞的用法。
(4) **decide to ～**「～する決心をする」

4 (1) **would like**　(2) **to play**
　　(3) **to hear**

解説 (1)「～したい」は **want to ～** または **would like to ～**。空所の数から would like にする。
(3)「～から便りがある」hear from ～

5 (1) **are planning to go to London**
　　(2) **I was happy to see a woman**
　　(3) **do you want to eat for**
　　(4) **Bill tried to climb the tall tree.**

解説 (1)「～する計画を立てる」は **plan to ～**。ここでは進行形になっている。
(2)「幸せだった」という感情の「原因」を表す to 不定詞の副詞的用法。「あなたのような女性」は a woman like you。
(3)「食べたい」は **want to eat**。
(4)「～しようとする」は **try to ～**。

6 (1) **I know that she wants to be a nurse.**
　　(2) **Do you like to play the guitar?**
　　(3) **I was sad to hear the news.**

解説 (1)「～になりたい」は **want to be[become] ～**。
(2)「～するのが好き」は **like to ～**。play the guitar と楽器の前には **the** をつけるのを忘れないこと。
(3)「聞いて」は「悲しかった」という感情の「原因」を表すので，**to 不定詞の副詞的用法**を使う。

11 不定詞(2)

p.78～79　基礎問題の答え

1 (1) **something to drink**
　　(2) **homework to do**
　　(3) **money to lend**　(4) **to learn**

解説 (1)「彼は何か飲み物がほしい」something, anything, nothing など **-thing** のつく代名詞は形容詞をあとにつける。ここでは to drink が something を後ろから修飾する形にする。
(2)「彼女は昨日宿題がたくさんありました」to do が **homework** を後ろから修飾する形にし，「するべき宿題」という意味にする。
(3)「あなたに貸すお金はありません」to lend you が **money** を修飾する形にする。「あなたに貸すためのお金」という意味になる。
(4)「学ばなければならない科目がたくさんあります」to learn が **subjects** を修飾する形にする。「学ぶべき科目」という意味になる。

2 (1) **to write**　(2) **something, to**
　　(3) **to come**

解説 (1)「手紙を書くための時間」と考えて，**time** のあとに **to write** を置く。
(2)「何かすてきなもの」は something nice。そのあとに「着るための」という意味を表す **to wear** を置いて，**something** を修飾する。
(3)〈序数＋名詞＋to 不定詞〉の形。「～するため，～すべき」の意とは異なるので注意。

3 (1) **to do**　(2) **to read**

解説 (1)「彼は何もすることがありませんでした」**to do** は「するための，するべき」という意味で nothing を修飾する。
(2)「彼女は電車で読む雑誌をほしがっていました」**to read on the train**「電車で読むための」が some magazines を修飾する形にする。

4 (1) **for me to read**
　　(2) **for him to watch**　(3) **to have**

解説 (1)(2)は〈**It is ... (for ＿) to ～.**〉の文。意味上の主語を〈**for＋名詞[代名詞の目的格]**〉として不定詞の前に置く点に注意する。

5 (1) me to　(2) It wasn't, to clean
　　(3) to tell

解説 (1)(2)は〈It is … (for __)to ～.〉の文。(3)は意味上の主語を省略した文。tell the truth「真実を言う」

6 (1) what to　(2) how to　(3) when to
　　(4) what to　(5) where to

解説 〈疑問詞＋to ～〉で「～したらいいか」「～すべきか」という意味。疑問詞の意味によって使い分ける。(1)(4)「何を～したらいいか」(2)「どう～したらいいか」(3)「いつ～したらいいか」(5)「どこで～したらいいか」

p.80～81 標準問題の答え

1 (1) It, them　(2) which book
　　(3) to study[learn]　(4) promised to
　　(5) to say　(6) how to　(7) where to

解説 (1)〈It is … for __ to ～.〉の文。日本文の「彼らが」にとらわれず，for them とする点に注意。
(2)〈疑問詞＋to ～〉の文。「どちらの～を…すべきか」は〈which＋名詞＋to ～〉で表す。
(3) the best way を修飾する形容詞的用法。
(4) promise は to 不定詞だけを目的語にとる。promise「約束する」
(5) 意味上の主語が省略された形。
(6)「どうやって～したらいいか」は how to ～ で表す。
(7)「どこで～したらいいか」は where to ～ で表す。

2 (1) It is　(2) nothing to
　　(3) to give　(4) how to
　　(5) to do　(6) where to

解説 (1) To study every day を形式主語 it に置きかえる。
(2)「私はおなかがすいていますが，食べるものが何もありません」空所のあとに eat があるので，「何もない」という意味の nothing を to eat で修飾する。
(3)「あなたにあげるお金はありません」元の文は「あなたにお金をあげることはできません」という意味。
(4)「ピザをつくる方法を私に教えてください」→「どうやってピザをつくったらよいか私に教えてください」how to ～「どう～したらいいか」

(5)「私は今日，宿題がありません」→「私は今日，何の宿題もありません」否定文を〈no＋名詞〉を使った文に言いかえる。
(6)「今度の日曜日に訪れるための場所を知っていますか」→「今度の日曜日にどこを訪れたらいいか知っていますか」where to ～「どこで[へ]～したらいいか」

3 (1) Will you give me something hot to drink?
　　(2) It is dangerous for her to climb the mountain
　　(3) Will you teach me how to make
　　(4) did not have anything to do
　　(5) Will you lend me something to write with?
　　(6) Please tell me when to stop.

解説 (1)「飲み物」は「何か飲む物」と考えて something to drink。そこに「熱い」hot などの形容詞を入れる場合は，something のすぐあとに置く。for が不要。
(2)〈It is … for __ to ～.〉の文。by herself「彼女ひとりで」she が不要。
(3) Will you ～? は「～してもらえませんか」と依頼する言い方。how to ～「どう～したらいいか」what が不要。
(4)「何も～ない」は not any ～ で表す。ここでは，did not have anything とする。この anything を to do が修飾する形にすれば「何もすることがありませんでした」という意味になる。has が不要。
(5)「貸す」という意味の動詞 lend を補う。「書くもの」は「それを使って書く」ので，write with (something) と考え，最後に with を補う。
(6) when to ～「いつ～したらいいか」

4 (1) no milk to give
　　(2) told[showed] me where to take[get / catch]
　　(3) It is not[It's not / It isn't] easy for him to read a[one] book
　　(4) because I didn't[did not] know what to say

解説 (1)「あげるミルク」を「あげるためのミルク」と考え，to give to the cat が後ろから milk を修飾する。動詞が had なので，no milk とする点に注意。

25

(2) **where to ～**「どこで～すべきか」。「バスに乗る」は take [get / catch] a bus で表す。

(3) 〈**It is ... for ＿ to ～.**〉の文。

(4) ２つの文を理由・原因を表す接続詞 because でつなぐ。**what to ～**「何を～すべきか」

12 不定詞(3)・動名詞

p.84～85 基礎問題の答え

1 (1) **like playing**　(2) **finish washing**
　　(3) **enjoyed swimming**
　　(4) **likes listening**
　　(5) **stopped eating[having]**

解説 (1)(4) like は目的語に不定詞，動名詞の両方をとれる動詞。空所の数からいずれも動名詞を入れる。

(2)(3) finish, enjoy は目的語に動名詞のみをとる動詞。

(5) **stop -ing** は「～するのをやめる」という意味。**stop to ～** とすると「～するために立ち止まる」という意味になってしまうので注意。

2 (1) ① **cleaning**　② **to clean**
　　(2) ① **playing**　② **to play**
　　(3) ① **learning[studying]**
　　　　② **to learn[study]**
　　(4) ① **cooking**　② **to cook**

解説 (1) begin は **begin -ing** と **begin to ～** の２通りの表現で「～し始める」という意味を表す。

(2) 「～するのが好きだ」という意味を表すには，**like -ing** と **like to ～** の２通りの表現がある。

(3) start は **start -ing** と **start to ～** の２通りの表現で「～し始める」という意味を表す。

(4) love は **love -ing** と **love to ～** の２通りの表現で「～するのが大好きだ」という意味を表す。

3 (1) **playing**　(2) **crying**
　　(3) **to visit**　(4) **to go**　(5) **reading**
　　(6) **to see**　　(7) **to study**

解説 (1) 「私たちはトランプで遊ぶのを楽しみました」**enjoy -ing**「～するのを楽しむ」

(2) 「その母親は赤ちゃんをだき上げ，彼は泣きやみました」**stop -ing**「～するのをやめる」

(3) 「私は放課後に彼を訪ねたいと思いました」**want to ～**「～したい」

(4) 「彼女はオーストラリアに行くことを望んでいます」**hope to ～**「～することを望む」

(5) 「マイクはその本を読み終えましたか」**finish -ing**「～し終える」

(6) wish「～したいと願う」は不定詞のみを目的語にとる動詞。

(7) decide「～と決める，決意する」は不定詞のみを目的語にとる動詞。

4 (1) **go skiing**　(2) **went shopping**
　　(3) **stopped singing**　(4) **to go fishing**
　　(5) **forgot to**

解説 (1) 「スキーに行く」は **go skiing**。

(2) 「買い物に行く」は **go shopping**。

(3) 「するのをやめる」は **stop -ing**。

(4) want は不定詞のみを目的語にとる動詞。「釣りに行く」は **go fishing**。

(5) 「～するのを忘れる」は **forget to ～**。

p.86～87 標準問題の答え

1 (1) **snowing**　(2) **to come**
　　(3) **taking pictures**　(4) **to see[watch]**
　　(5) **went camping**
　　(6) **to seeing[meeting]**
　　(7) **How, going**

解説 (1) start は to 不定詞と動名詞のどちらも目的語にとれるが，空所の数から動名詞を使う。

(2) hope「～と願う」は不定詞のみを目的語にとる動詞。come back「戻る，戻って来る」

(3) remember は目的語に不定詞をとるか動名詞をとるかで意味がちがってくるので注意。**remember -ing**「～したことを覚えている」，**remember to ～**「～するのを覚えている」

(4) stop は目的語に動名詞のみをとる動詞。**stop to ～** とすると「～するために立ち止まる」という意味になる。この場合の不定詞は動詞の目的語になる名詞的用法ではなく，副詞的用法。

(5) 「キャンプに行く」は go camping。

(6) **look forward to -ing**「～することを楽しみにしている」

(7) **How about -ing?**「～しませんか，～するのはどうですか」

2 (1) **swimming** (2) **climbing**
　　(3) **playing** (4) **taking**
　　(5) **to play** (6) **watching**

解説 (1)「彼らは川で泳いで楽しみました」
(2)「私たちは登るために山へ行きました」→「私たちは山へ登山に行きました」「登山に行く」は go climbing。
(3)「彼女はピアノを弾くのがとてもじょうずです」**be good at -ing** で「〜が得意である」という意味。
(4)「私は写真をとるのが好きです」**be fond of -ing** で「〜するのが好きだ」という意味。
(5)「ピアノを弾くのは私にとって楽しいです」〈**It is ... for __ to 〜.**〉「—にとって〜することは…である」の文に書きかえる。
(6)「映画を見ることは彼女にとって興味深いです」→「彼女は映画を見ることに興味を持っています」**be interested in 〜**「〜に興味がある」

3 (1) **You must not forget to send an e-mail**
　　(2) **She stopped playing cards to help her mother.**
　　(3) **How about going on a picnic next Sunday?**
　　(4) **I am looking forward to seeing [meeting] you**
　　(5) **I want to buy a new bag**
　　(6) **Thank you for inviting me to your party.**

解説 (1) forget は目的語に不定詞を置くか動名詞を置くかで意味がちがってくるので注意。**forget -ing**「〜したことを忘れる」，**forget to 〜**「〜するのを忘れる」
(2)「お母さんを手伝うために」という「目的」を stopped playing cards のあとに置く。
(3)「〜するのはどうですか」は **How about -ing?**。「ピクニックに行く」は go on a picnic。
(4) **look forward to -ing**「〜するのを楽しみにする」。この to は不定詞ではなく，前置詞である点に注意。seeing か meeting を補う。
(5) want は目的語に不定詞のみをとる動詞。to と buy を補う。
(6)「〜してくれてありがとう」は **Thank you for -ing**。「〜を招待する」という意味を表すのは

invite。inviting を補う。

4 (1) **had no time[didn't have time] to drink a cup**
　　(2) **finish (doing) her homework**
　　(3) **He stopped to look**
　　(4) **stopped watching TV to eat [have] lunch**

解説 (1)「1杯のコーヒー」は a cup of coffee。「飲む時間」は「飲むための時間」で time を to 不定詞が修飾する形にする。
(2) finish は「〜を終える」，finish -ing は「〜し終える」という意味。finish her homework または finish doing her homework とする。
(3)「見るために」は「目的」を表す to 不定詞の副詞的用法。「立ち止まる」は stop で表す。**stop -ing** は「〜するのをやめる」なので注意する。
(4)「テレビを見るのをやめる」は **stop -ing**「〜するのをやめる」で表す。「お昼を食べるために」は「目的」を表す to 不定詞を使う。

---

p.88〜91 **実力アップ問題**の答え

1 (1) ウ (2) ウ (3) イ (4) イ
　　(5) エ (6) ア (7) イ (8) イ

2 (1) **to go** (2) **speaking**
　　(3) **playing** (4) **to take**
　　(5) **to talk**

3 (1) **I got up early to go fishing.**
　　(2) **She wants to know about your country.**
　　(3) **It is very difficult for him to answer this question.**

4 (1) **what to make**
　　(2) **stopped playing**
　　(3) **like to go**
　　(4) **Would you mind opening[Will you (please) open]**

5 (1) **How, going** (2) **anything to**
　　(3) **nothing to** (4) **stop playing**
　　(5) **Eating, will** (6) **you, closing**

6 (1) ア (2) ウ (3) イ

7 (1) **I have a lot of books to read.**

27

(2) **He came to my house to eat lunch together.**

(3) **Speaking[to speak] English is not easy for me.[It is not[isn't] easy for me to speak English].**

(4) **I couldn't decide which to buy.**

8 (1) 夜1人で出かけるのは危険です。

(2) 昼食には何が食べたいですか。

(3) 彼らがその試合に勝つことはとても難しいでしょう。

(4) 私の父は35歳(さい)のときにタバコを吸うのをやめました。

解説 **1**(1)「山登りは気に入りましたか」**like to climb** または **like climbing**。

(2)「彼女はこの前の日曜日，音楽を聞くのを楽しみました」**enjoy -ing**「～するのを楽しむ」

(3)「何か冷たい飲み物をもらえますか」**something to drink** で「何か飲むもの」→「飲み物」という意味。cold は something を修飾。

(4)「すみませんが，お手伝いはできません」**I am sorry to say** は「申し上げるのは残念ですが」「残念ながら申し上げます」という意味。

(5)「多くの人々が有名なタワーを見るために東京を訪れます」「目的」を表す to 不定詞の副詞的用法。

(6)「今日の午後買い物に行きましょうか」**go -ing**「～をしに行く」

(7)「駅への行き方を教えていただけますか」**how to get to ～**「～への行き方，～へ行く方法」

(8)「サッカーをするのはとても楽しい」形式主語 it を用いた〈It is ... to～〉の文。

2(1)「私はカナダに行きたかったが，行けませんでした」**want to ～**「～したい」

(2)「彼女は英語を話すのがじょうずです」**be good at -ing**「～するのがじょうず[得意]だ」

(3)「彼はギターを弾(ひ)き終えました」**finish -ing**「～し終える」

(4)「ジムは散歩をするために出かけました」「目的」を表す to 不定詞の副詞的用法。

(5)「私たちは話すことが何もありませんでした」to 不定詞の形容詞的用法。

3(1)「～するために」は **to** 不定詞で表す。「早く起きる」は get up early，「釣(つ)りに行く」は go fishing。

(2)「～について知りたがっている」は **want to know about ～** で表す。

(3) 形式主語を用いた〈It is ... for __ to ～.〉の文。

4(1)「何をつくったらよいか」は〈疑問詞＋to ～〉を用いて，what to make で表す。

(2)「～するのをやめる」は stop -ing。

(3) **I'd** は I would の短縮形。**would like to ～**「～したい」

(4)「～していただけませんか」という意味の表現に，**Would you mind -ing?** がある。**Will you ～?** を用いてもよい。

5(1)「スキーに行くのはどうですか」**How about -ing?**「～するのはどうですか」は **Let's ～.** とほぼ同意。

(2)「ジェーンは今日何もすることがありません」free「ひまな」は「何もすることがない」と考える。否定文なので **anything to do** とする。

(3)「ケンは昨日何も食べるものがありませんでした」didn't have any food なので「食べ物が全然なかった」ことがわかる。空所は2つなので，「何もない」という意味の nothing に「食べるための」という意味の不定詞 to eat をつける。

(4)「彼はテレビゲームをやめませんでした」上の文は「やり続けた」という意味。下では否定文になっているので，「やめなかった」という意味になると判断できる。continue「続ける」

(5)「食べすぎると気分が悪くなりますよ」下の文では make の前に will が入るはずだと考えれば，too much までが主語になっているとわかる。したがって，名詞の役割を果たす動名詞を主語にする。

(6)「ドアを閉めていただけますか」**Would you mind -ing?** は「～していただけますか」とていねいに頼(たの)むいい方。mind のあとは動名詞になる。

6(1) ア「彼女は先生になるために一生懸命努力しました」イ「すみませんがあなたの話を聞いている時間はありません」ウ「彼はスーパーで買うものを書き留めました」アは「目的」を表す副詞的用法，イ，ウは名詞を修飾する形容詞的用法。

(2) ア「メアリーと私はそのときいっしょに勉強をしていました」イ「飛行機が1機，空高く飛んでいました」ウ「私の兄[弟]の仕事はイヌの訓練をすることです」ア，イは過去進行形なので，現在分詞。ウは動名詞。

(3) ア「ケンは試験に受かるために一生懸命勉強しました」イ「私はその日学校に行きたくありません

でした」ウ「ルーシーは友だちに会うために京都を訪れました」ア，ウは副詞的用法，イは名詞的用法。

[7] (1)「読むべき本」は books to read。「あります」には have を使う。

(2)「～するために」は「目的」を表す to 不定詞を使う。まず「彼は私の家に来た」の部分をつくり，あとから「目的」を続ける。

(3)「英語を話すこと」が主語なので，**動名詞 speaking** を主語にする。「私にとって」は for me。

(4)「どちらを～すべきか」は **which to ～** で表す。

[8] (1) Going out alone at night「夜 1 人で出かけること」が主語。

(2) **Would you like to ～?** は相手のしたいことをたずねるいい方。「何を」を表す What を文頭に置く。

(4) smoke は「タバコを吸う」という意味。stop smoking は「タバコを吸うのをやめる」。

13 比較(1)

p.94～95 基礎問題の答え

[1] (1) **smaller, smallest**

(2) **larger, largest**

(3) **prettier, prettiest**

(4) **bigger, biggest**

(5) **taller, tallest**

(6) **shorter, shortest**

(7) **more interesting, most interesting**

(8) **more beautiful, most beautiful**

(9) **more slowly, most slowly**

(10) **earlier, earliest**

[解説] (1)(6) 比較級は語の終わりに **-er**，最上級は語の終わりに **-est** をつける。

(2) e で終わっているものは **-r**，**-st** のみをつける。

(3) 〈子音字+y〉で終わるものは y を i にして **-er**，**-est** をつける。

(4) 〈短母音+子音字〉で終わるものは子音字を重ねて **-er**，**-est** をつける。

(7)(8)(9) つづりが長い単語の比較級は **more ～**，最上級は **most ～** となる。

(10) この語は more ～，most ～ ではなく，y を i にして **-er**，**-est** を語尾につけて比較級，最上級をつくる。

[2] (1) **hotter** (2) **biggest, in**

(3) **most** (4) **the fastest, of**

[解説] (1)「沖縄は今日の北海道よりも暑いです」空所のあとに比較の対象を表す than があるので，比較級。

(2)「ロンドンはイギリスでいちばん大きい都市です」空所の前に the があり，「イギリスで」という範囲を表す語句が後ろにあるので最上級。「イギリスで」は in England。

(3)「この歌手は私たちの間でいちばん有名です」空所の前の the に注目。

(4)「ニックはクラスの男子全員の中でいちばん速く泳げます」あとに all the boys があるので最上級とわかる。**all the boys** は複数を表す語句なので，「～の中で」は in ではなく **of** を使う。

[3] (1) **tallest[highest]** (2) **lower**

(3) **taller[higher]** (4) **much**

[解説] (1)「そのビルは全部の中でいちばん高いです」ビルはいちばん高く，文の最後に of all があるので，最上級を使うとわかる。

(2)「家は木よりも低いです」家と木を比べると家のほうが低い。

(3)「ビルは木より高いです」「ビル」が主語で比較の対象が「木」。ビルと木を比べるとビルのほうが高い。

(4)「ビルは家よりもずっと高いです」空所の言葉がなくても文が絵の通りに成り立っているので，強調の **much** が入ると判断する。

[4] (1) **harder than** (2) **longest river**

(3) **most, of**

[解説] (1)「一生懸命に」は **hard**。「ミカよりも」なので比較級にする。比較の対象は than を使って表す。

(2)「いちばん長い」は最上級で表す。

(3) difficult の最上級は **most difficult**。「すべての中で」は **of all** とする。

[5] (1) **This question is easier than that one.**

(2) **He is the most famous pianist in**

(3) **My father came home earlier than my mother**

(4) **My brother is much taller than**

[解説] (1) This question が主語。

29

(2)「いちばん有名なピアニスト」は **the most famous pianist**。

(4)「ずっと高い」と比較級を強調するときには比較級の前に much を入れる。

1 (1) **younger**　　　(2) **tallest of**
　　(3) **more slowly**　(4) **difficult**
　　(5) **earlier**　　　 (6) **fastest runner**

解説 (1)「タナカさんは私の父より年上です」→「私の父はタナカさんよりも若いです」

(2)「ジムはケンより背が高いです。マイクはジムより背が高いです」→「マイクは 3 人の中でいちばん背が高いです」

(3)「そんなに速く話さないでください」→「もっとゆっくり話してください」slow の比較級 **more slowly** を使う。

(4)「この試験はあれよりも簡単でした」→「あの試験はこれよりも難しかったです」easy の比較級は easier だが，difficult の比較級は **more difficult** の形になる。

(5)「ミキはシンディーよりも遅く公園に着きました」→「シンディーはミキよりも早く公園に着きました」

(6)「彼はクラスの中でいちばん速く走れます」→「彼はクラスの中でいちばん速い走者です」動詞が is と be 動詞になっているので，run を **runner** という名詞にして同じ意味を表す。

2 (1) **My dog is two years older than yours.**
　　(2) **Is this the hardest stone**
　　(3) **This hat is the smallest in**
　　(4) **This box is much heavier than**

解説 (1)「差」を表す場合には，比較級の前にその差を置くか，最後に by ～ をつける。この文には by がないので，**older** の前に「差」を表す **two years** を置く。

(2) 疑問文なので Is が文頭。「硬い」は hard。

(3)「このぼうし」This hat が主語の最上級の文。

(4)「はるかに重い」は **much heavier** で表す。

3 (1) **most beautiful**　(2) **shortest, all**
　　(3) **more important**
　　(4) **much colder**　　(5) **two, earlier**

解説 (2)「すべての中で」は **of all** で表す。

(3) important の比較級は **more important**。

(4)「ずっと冷たい」は much colder。

(5)「2 か月早く」は two months earlier。または Jim was born earlier than Kate by two months. で表すこともできる。

4 (1) この人形はとてもかわいいですが，あの人形のほうがずっとかわいいです。
　　(2) 私の祖父は祖母よりも 5 歳年上です。
　　(3) この本はあの本よりもずっとおもしろいです。
　　(4) チーターは世界一速い動物ですか。

解説 (1) much は prettier を強調している。

(2) five years older の five years は「差」を表している。

(3) 比較級の前の **much** は「ずっと」の意味。that one は that book ということ。

5 (1) **I want to see the oldest temple in Japan.**
　　(2) **This book is more popular among us than that book[one].**
　　(3) **Please drive more slowly.**

解説 (1)「日本でいちばん古いお寺」は the oldest temple in Japan。

(2)「私たちの間では」は **among us**。文の最後に置いてもよい。

(3)「もっとゆっくり」は **more slowly**。

14 比較(2)

1 (1) **as**　　　(2) **heavy**　(3) **as**
　　(4) **better**　(5) **the best**

解説 (1)「私はあなたと同じ年齢です」old のあとに as があることに注目。

(2)「この箱はあの箱と同じくらいの重さです」

(3)「あなたはお父さんと同じくらい背が高いですか」

(4)「あなたは肉と魚ではどちらのほうが好きですか」「肉のほうが好きです」「～のほうが好き」という場合は like ～ better で表す。

(5)「あなたのクラブでいちばんテニスがじょうずな選手はだれですか」「ジャックです」

2 (1) ア (2) ウ (3) イ (4) ア
　　(5) イ (6) イ

解説 (1)「私の母は私の父ほど背が高くありません」→「私の父は私の母より背が高いです」
(2)「メアリーは全員の中でいちばんじょうずに歌を歌うことができます」→「メアリーは全員の中でいちばんじょうずな歌い手です」
(3)「ジムは日本語が話せます。彼は私たちのクラスの中でいちばんじょうずな日本語の話し手です」→「ジムは私たちのクラスの中でいちばんじょうずに日本語を話せます」
(4)「ボブはテニスがジョンほどじょうずではありません」→「ジョンはボブよりじょうずにテニスをすることができます」
(5)「野菜はお菓子よりも健康によいです」→「お菓子は野菜ほど健康によくありません」「お菓子」を主語にすると not as good as vegetables となる。
(6)「私は英語よりも数学が好きです」→「私は数学ほど英語が好きではありません」

3 (1) can't[cannot], as (2) many books
　　(3) That, this (4) as early as

解説 (1)「ルーシーはあなたよりもじょうずにピアノを弾けます」→「あなたはルーシーほどじょうずにピアノが弾けません」「あなた」を主語にすると逆になる。
(2)「マサオは私の父よりもたくさん本を読みます」→「私の父は彼ほどたくさん本を読みません」
(3)「この花はあの花ほど美しくありません」→「あの花はこの花よりも美しいです」
(4)「ナンシーはスーザンより早く起きます」→「スーザンはナンシーほど早く起きません」

4 (1) What, best (2) better than
　　(3) best of (4) Which, or

解説 (1)「何色」は what color。「～がいちばん好き」は like (the) best ～を使う。
(2)「～のほうが好き」は like ～ better を使う。
(3)「すべての教科の中で」は of all (the) subjects と of を使う。
(4)「野球とサッカーでは」には「野球ですか，それともサッカーですか」という意味で or を使う。

1 (1) as pretty as
　　(2) as young[old] as
　　(3) any other boy
　　(4) more difficult
　　(5) the fastest runner
　　(6) can't[cannot], well (7) best, of
　　(8) best, all

解説 (1)「あなたのかばんは私のものよりきれいです」→「私のかばんはあなたのものほどきれいではありません」
(2)「マイクは若いです。ケンも若いです。彼らは同じ年齢(ねんれい)です」→「マイクはケンと同じくらい若いです[同じくらいの年齢です]」
(3)「ジョンはクラスの男の子全員の中でいちばん背が高いです」→「ジョンはクラスのほかのどの男の子よりも背が高いです」個々の男の子と比べているので，any other boy と単数にすること。
(4)「この本はあの本ほどやさしくありません」→「この本はあの本よりも難しいです」
(5)「6人の中でいちばん速く走るのはだれですか」be 動詞が使われているので，runner とする。
(6)「ケンは私よりもじょうずに英語が話せます」→「私はケンほどじょうずに英語が話せません」
(7)「ナナとナオミはじょうずにピアノを弾きます。クミはナナとナオミよりじょうずにピアノを弾きます」→「クミは3人のうちでいちばんじょうずなピアニストです」
(8)「サッカーは私のいちばん好きなスポーツです」→「私は全部のスポーツの中でサッカーがいちばん好きです」favorite「大好きな」

2 (1) one, songs (2) any other
　　(3) three times
　　(4) hotter and hotter
　　(5) Who, older

解説 (1)「いちばん…な～のうちの1つ」は〈one of the＋最上級＋複数名詞〉。～の部分は複数になる。
(3)「…の―倍の～」という意味を表すのは〈数字＋times as ～ as …〉。
(4)「ますます～」「どんどん～」という意味を表すのは〈比較級＋and＋比較級〉。

31

3 (1) **My son eats most in my family.**

(2) **Which is the largest of the three countries?**

(3) **I don't have as many watches as you.**

(4) **She has five times as many books as I have.**

解説 (1)「家族の中で」は in my family。

(2) countries が複数形になっているので，Which に続けることはできない。また，the largest のあとも複数形では合わないので，of the three countries とする。

(3) watches は many のすぐあとに置いて，as many watches as ... とする。

(4)「5倍の数の本」は five times as many books。「私が持っているのと」という意味で as I have とする。

4 (1) No. 1：**Her[Nancy's] brother (is).**

No. 2：**seven years older than**

(2) No. 1：**Jim is.**

No. 2：**He is 173 centimeters tall.**

(3) No. 1：**It has 15 students.**

No. 2：**It has 10 students.**

解説 (1)「ナンシーは15歳<small>（さい）</small>です。彼女の姉は17歳です。弟はまだ10歳です」

No. 1：3人のうちでいちばん若いのはだれですか。

No. 2：ナンシーのお姉さんは弟よりも何歳年上ですか。

(2)「トムは170センチで，マイクよりも5センチ背が高いです。ジムはトムよりも3センチ背が高いです」

No. 1：3人のうちでいちばん背が高いのはだれですか。

No. 2：ジムの身長は何センチですか。

(3)「グループAには生徒が10人います。グループBには生徒が15人います。グループCにはグループAと同じ数の生徒がいます」

No. 1：いちばん大きいグループには生徒が何人いますか。

No. 2：グループCには生徒が何人いますか。

p.104〜107 実力アップ問題の答え

1 (1) イ　(2) エ　(3) イ　(4) ア　(5) ア

(6) ア　(7) エ　(8) ウ　(9) イ　(10) イ

2 (1) **feel much better today than yesterday**

(2) **The tree is three times as tall as Jane.**

(3) **Who is the most popular teacher in your school?**

(4) **Please eat as much as you like.**

(5) **Try to study English as hard as you can.**

3 (1) **I am taller than you by 10 centimeters[I am 10 centimeters taller than you].**

(2) **She is one of the most famous pianists in Japan.**

(3) **The Nile is longer than any other river in the world.**

(4) **Who runs (the) fastest of all the boys in your class?[Who is the fastest runner of all the boys in your class?]**

4 (1) **good, yours**　(2) **as many, as**

(3) **bigger, city**　(4) **any other**

(5) **as well**　　　(6) **of the**

5 (1) 明日の朝できるだけ早く学校へ来てくれますか。

(2) 新幹線は日本のほかのどの列車よりも速く走るのですか。

(3) 野球は日本でいちばん人気のあるスポーツの1つです。

(4) ボブは彼のクラスの生徒のだれよりも背が高いです。

6 (1) **most**　　(2) **more**　(3) **than**

(4) **shopping**　(5) **listening**

解説 **1** (1)「この映画はあの映画よりもずっとおもしろい」interesting の比較級は more interesting。比較級を強調するのは much または far。

(2)「ケンは全員の中でいちばん速く走れます」「全員の中で」なので，最上級。

(3)「すべてのコンピューターの中でどれがいちばん安いですか」

(4)「この絵はあの絵よりも有名です」

(5)「この店でいちばん高価なカメラを見せてもらえますか」expensive「高価な」の最上級は **most expensive**。イの場合には冠詞 a が必要。

(6)「あなたは紅茶とコーヒーでは，どちらが好きですか」

(7)「その国の歴史についていちばん知識が豊かなのはだれですか」空所には knowledge を修飾する語が入る。

(8)「メアリーは私の3倍多くのCDを持っています」〈数字＋times as ～ as〉で「…の一倍の～」という意味。

(9)「ここは沖縄で最も人気のあるレストランの1つです」

(10)「私の父は私の家族の中でいちばん背が高いです」最上級を用いた文。

2 (1)「気分がよい」のは「今日」なので，I feel much better のあとに today を置く。「ずっと」は **much** で better を修飾する。

(2)「～の3倍背が高い」は three times as tall as ～。

(3)「いちばん」は most で popular を修飾する。

(4)「好きなだけ～」は〈**as much as＋主語＋like**〉という表現を使う。

(5) try があるので，「～するように（努力）する」という意味の **try to ～** を使う。「できるだけ～」は〈**as ～ as＋主語＋can**〉という表現を使うので，「できるだけ一生懸命」は **as hard as you can**。

3 (1)「10センチメートル高い」と「差」を言うときには，あとから by 10 centimeters とするか，比較級の直前に差を置く。

(2)「いちばん…な～のうちの1人」は〈**one of the＋最上級～**〉。～は複数名詞。

(3) other があるので，〈**than any other＋単数名詞**〉の形を使う。

(4)「だれが」と聞いているので，〈**Who＋動詞～?**〉の形の疑問文になる。

4 (1)「あなたのカメラは私のものよりもよいです」→「私のカメラはあなたのカメラほどよくありません」better（よりよい）の原級は good。

(2)「私は5本の鉛筆を持っています。ジムもまた5本の鉛筆を持っています」→「私とジムは同じくらいの数の鉛筆を持っています」Aと同じ数のものを持っていることを表すには〈**have as many＋名詞＋as A**〉という表現を使う。

(3)「東京は日本でいちばん大きな都市です」→「東京は日本のほかのどの都市よりも大きいです」最上級の内容を比較級で表すには，〈**比較級＋than any other＋単数名詞**〉を使う。

(4)「トムはすべての生徒たちの中でいちばん速く走ることができます」→「トムはほかのどの生徒よりも速く走ることができます。」〈**比較級＋than any other＋単数名詞**〉で最上級の内容を表すことができる。主語が単数の場合は，any other のあとには単数名詞がくることに注意。

(5)「ユミはピアノを弾くのがとてもじょうずです。私もとてもじょうずです」→「私はユミと同じくらいじょうずにピアノを弾くことができます」〈**as＋形容詞［副詞］＋as ...**〉「…と同じくらい～」

(6)「私にはふたりの姉妹がいて，彼女たちは私よりも年齢が上です」→「私は3人の中でいちばん年少です」最上級を用いた文。〈**of the＋数字**〉で「～の中で」という意味。

5 (1) Will you ～? は「～してくれますか」という「依頼」を表す。as early as you can は「できるだけ早く」。

(2) faster than any other train は「どの列車より速く」で最上級と同じ意味を表す。

(3)〈**one of the＋最上級＋複数名詞**〉の形。

(4)〈**比較級＋than any other＋単数名詞**〉で「ほかのどの～よりも」という意味。

6 **全訳** あなたはたいてい日曜日をどのように過ごしますか。15人の生徒はスポーツをすると言っています。男の子の間では，サッカーがすべての中でいちばん人気があります。女の子の間では，テニスのほうがサッカーより人気があります。11人の生徒は家で勉強します。彼らは，宿題がたくさんあるので忙しいと言っています。家族の手伝いをする生徒が5人います。たとえば，何人かは家の掃除をします。ほかの生徒は夕食の買い物に行きます。4人の生徒は趣味を楽しむと言ってます。私はその中の1人で，音楽を聞くのが好きです。1人の生徒はギターを弾きます。

(1)「サッカーがいちばん人気」という意味なので，最上級の most を入れる。

(2)(3)「～より…のほうが人気がある」は比較級を使って表す。

(4)「買い物に行く」は **go shopping**。

(5) like のあとで1語なので，動名詞を使う。

15 受け身

p.110～111 基礎問題の答え

1 (1) **liked** (2) **opened** (3) **made**
(4) **given** (5) **written** (6) **spoken**
(7) **cut** (8) **taken** (9) **read**
(10) **sent** (11) **known** (12) **sold**
(13) **bought** (14) **come**

解説 過去分詞は過去形と同様，動詞によって決まっているのでしっかり覚えておこう。
(9) read-read［レッド］-read［レッド］は形は同じだが発音が異なる。

2 (1) **is loved** (2) **was played**
(3) **are cleaned** (4) **were written**

解説 (1) 主語が3人称単数で現在の文なので，be動詞は is。
(2) 過去の文なので be動詞は was。
(3) 主語が複数で現在の文なので，be動詞は are。
(4)「書かれました」と過去の文なので，be動詞は were。write の過去分詞は **written**。

3 (1) **Was the park visited by many people last year?**
(2) **The letter was not[wasn't] sent to Mary yesterday.**
(3) **Those books are not[aren't] sold all over the world.**
(4) **Are these machines used in many factories?**

解説 (1)「その公園は昨年多くの人が訪れました」→「その公園は昨年多くの人が訪れましたか」be動詞 was を主語の前に出して疑問文をつくる。
(2)「その手紙は昨日メアリーに送られました」→「その手紙は昨日メアリーに送られませんでした」be動詞 was のあとに not を置いて否定文をつくる。
(3)「あれらの本は世界中で売られています」→「あれらの本は世界中では売られていません」
(4)「これらの機械は多くの工場で使われています」→「これらの機械は多くの工場で使われていますか」

4 (1) **built** (2) **Was, found, him**
(3) **Japanese is spoken**

(4) **isn't used, me** (5) **cut by**
(6) **is, sung**

解説 (1)「彼らはこの橋を1936年に建設しました」→「この橋は1936年に建設されました」
(2)「彼のうで時計は見つけられましたか」疑問文のままでわかりにくいときは，いったん His watch was found by him. という受け身の肯定文で考え，それを疑問文にするとよい。
(3)「日本では日本語が話されています」現在の文で，主語が Japanese という単数名詞なので be動詞は is。
(4)「このスマートフォンは私によって使われていません」否定文なので，be動詞 is を **isn't** とする。
(5)「そのケーキは私の母によって切られました」cut は不規則動詞。**cut-cut-cut** と，過去形も過去分詞も形は変わらないので注意する。
(6)「この歌は若い人たちによってよく歌われます」often の位置に注意。

5 (1) **at** (2) **of** (3) **to** (4) **with**
(5) **in** (6) **with**

解説 (1)「母は私の試験の結果に驚いています」be surprised には at が続く。
(2)「そのイスは木でできています」「材質」を言う場合には，**be made of ～**。「原料」を言う場合には **be made from ～**。
(3)「彼の名前は学校のすべての先生に知られています」**be known to ～** で「～に知られている」という意味。by ではないので注意。
(4)「そのカップはお湯で満たされていました」**be filled with ～** で「～で満たされる」という意味。
(5)「あなたは何の科目にいちばん興味がありますか」**be interested in ～** で「～に興味がある」という意味になる。
(6)「丘の頂上は雪でおおわれていた」**be covered with ～** 「～でおおわれている」

p.112～113 標準問題の答え

1 (1) ウ (2) エ (3) イ (4) ウ
(5) イ (6) イ (7) ウ (8) ア

解説 (1)「この写真はトムがとりました」
(2)「その機械は1990年代に発明されたのですか」**the 1990s**「1990年代」
(3)「ローマは1日にしてならず」ことわざ。「ロー

マのような偉大な都市は1日で建てることはできない」→「大事業は短期間ではできない」という意味。

(4)「このコンピューターは日本でつくられたのですか」

(5)「昨日私はぼうしをなくしましたが、今朝だれかが見つけてくれました」it が主語なので受け身にする。

(6)「私はクロサワによる古い映画を見ています」空所のあとに an old movie という目的語があるので、受け身ではなく、be 動詞を使った現在進行形。

(7)「昨日のクリスマスパーティーには何人の子どもが招待されたのですか」主語は How many children で複数なので、be 動詞は **were**。

(8)「その話はとてもワクワクしました。だれが書いたのですか」Who wrote it? を受け身にした文。

2 (1) **was given**
(2) **Was, painted [drawn]**
(3) **filled with** (4) **wasn't written**

解説 (1)「与えられた」は was given。give は目的語を2つとるので、The first prize was given to the boy. という受動態の文もつくれる。
(2)「絵を描く」は paint または draw。draw の過去分詞は **drawn**。
(3) **be filled with ～** で「～で満たされる」という意味。**be full of** でも同じ意味を表せる。
(4)「～ではなかった」と否定なので、was のあとに not を入れる。

3 (1) **were** (2) **Is, spoken**
(3) **was, built** (4) **is spoken**
(5) **is always cleaned** (6) **called in**

解説 (1)「先週トモコは本をたくさん読みました」→「先週トモコによってたくさんの本が読まれました」A lot of books が主語になっているので受け身の文にする。
(2)「その国では中国語が話されているのですか」Chinese is spoken in ～. を疑問文にする。
(3)「この駅はいつ建設されたのですか」This station was built を When で始まる疑問文にする。
(4)「メキシコではスペイン語が話されています」
(5)「彼らの教室はいつも生徒にそうじされています」**always** は be 動詞と過去分詞の間に置く。
(6)「この野菜の英語の名前は何ですか」→「この野菜は英語では何と呼ばれていますか」

4 (1) **The house is made of stone.**
(2) **She is interested in both music and art.**
(3) **The mountain is covered with snow.**
(4) **His name is known to everybody in my school.**
(5) **English isn't spoken in this country.**

解説 (1)「材質」を表す **be made of ～**。
(2) both の位置に注意。in が1つしかないので、in のあとに both を置き、music and art をつなぐ。
(3)「雪で覆（おお）われる」は **be covered with snow**。
(4) 動詞が過去分詞 known となっているので、受け身の文にする。「知られている」のは名前なので、His name を主語にして受け身の文にする。「～に知られている」の「～に」は by ではなく to で表す。

16 そのほかの重要表現

1 (1) **It** (2) **It** (3) **It** (4) **It will**

解説 日付・距離（きょり）・天候などを表す文では、主語は **it** を使う。
(1)「今日は何月何日ですか」「11月24日です」
(2)「ここから湖まではどのくらいの距離ですか」「約2マイルです」
(3)「そこの天候はどうですか」「とても暑いです」
(4)「明日の天気予報はどうですか」「寒くなるでしょう」

2 (1) **isn't it** (2) **isn't** (3) **isn't she**
(4) **don't go** (5) **does she**

解説 肯定文につく付加疑問は〈**isn't / don't** などの否定の短縮形＋主語？〉で、否定文につくのは〈**is / do** など＋主語？〉となる。また、主語はかならず代名詞を使う。
(1)「あれはあなたの自転車ですね」That（＝it）is なので、isn't it? とする。
(2)「それは新しい歌ですよね」It's なので、isn't it? とする。
(3)「エミは走っていますね」Emi（＝She）is なので、isn't she? とする。
(4)「彼らはそこへは行かないですよね」付加疑問が do they なので、They don't となると判断する。

(5)「スミスさんはペットを飼っていませんよね」Ms. Smith (＝She) doesn't なので，does she? とする。

3 (1) **How** (2) **What** (3) **What**
(4) **How** (5) **What**

解説 あとに〈形容詞＋名詞〉が続いていたら **What ～!**，あとに形容詞[副詞]が単独で続いていたら **How ～!** になる。
(1)「今月はなんて暑いんだろう！」
(2)「なんて大きなリンゴを彼は持っているんだろう！」
(3)「あれらはなんて高い木なんだろう！」a[an]はないが，tall のあとに複数形の名詞（trees）が続く〈形容詞＋名詞〉の形である。
(4)「あのイヌはなんて速く走れるんだろう！」
(5)「あなたのお父さんはなんて古い時計を使っているんだろう！」

4 (1) **isn't it** (2) **didn't he**
(3) **won't she** (4) **isn't there**
(5) **did he**

解説 (1) It's なので，isn't it とする。
(2) Tom (＝he) got（一般動詞の過去形）なので，**didn't he** とする。
(3) Mary (＝she) will なので，**won't she?** とする。
(4) There is の文はそれを否定の疑問形にして **isn't there** とする。
(5) Bob didn't なので，**did he** とする。

5 (1) **How beautiful this picture is!**
(2) **How exciting the movie is!**
(3) **What a fine day it is!**

解説 (1)(2) 感嘆文なので，How から始める。
(3) 感嘆文なので，What から始める。

p.118～119 標準問題の答え

1 (1) **It's** (2) **It is** (3) **What**
(4) **aren't they** (5) **What**
(6) **doesn't** (7) **shall we**

解説 (1)「今日はくもりです」天候を表す It。
(2)「今日の天気はどうですか―晴れです」天候を表す It。
(3)「あれはなんて大きい家でしょう」感嘆文で選択

肢のあとが〈形容詞＋名詞〉なので，what を使う。
(4)「あなたの兄[弟]とジェーンは友だちなんですよね」
(5)「それらはなんて役に立つ本だろう」疑問文ではなく感嘆文なので，what か how で始める。選択肢のあとが〈形容詞＋名詞〉なので，what を使う。
(6)「トムは日本食がとても好きですよね」Tom likes なので，付加疑問は **doesn't he?** となる。
(7)「映画に行きましょうか」Let's ～. に付加疑問をつける場合は **shall we?** となる。

2 (1) **an interesting, this** (2) **fast runner**
(3) **How beautiful**

解説 (1)「なんておもしろい本なんだ」感嘆文 How で始まる文を感嘆文を What で始まる文に書きかえる。〈How＋形容詞～!〉→〈What a[an]＋形容詞＋名詞～!〉
(2)「ケイトはなんて速い走者なのでしょう」a があるので空所には〈形容詞＋名詞〉を入れる。
(3)〈How＋形容詞～!〉の感嘆文に書きかえる。

3 (1) **What an** (2) **How fast**
(3) **How delicious** (4) **didn't she**
(5) **aren't there**

解説 (1)「あれはとても興奮する映画です」→「あれはなんて興奮する映画なのでしょう」空所のあとが〈形容詞＋名詞〉なので what。exciting の前なので a → an に変えるのを忘れないこと。
(2)「ジャックはとても速く歩きます」→「ジャックはなんて速く歩くのでしょう」選択肢のあとに〈形容詞＋名詞〉がなくて Jack walks で終わっているので，〈How＋副詞〉を使って How fast とする。
(3)「これらのケーキはとてもおいしいです」→「これらのケーキはなんておいしいのでしょう」the cakes are で終わっているので〈How＋形容詞〉を使って How delicious とする。
(4) yesterday とあるので，この read は過去形とわかる。よって，didn't she とする。不規則変化の動詞 read-read-read。
(5) There are なので，aren't there とする。

4 (1) **Let's go shopping this afternoon, shall we?**
(2) **What a difficult question this is!**

(3) **How far is it from here to our[your] school?**

(4) **Jiro leaves home at seven every morning, doesn't he?**

(5) **What a good tennis player he is!**

(6) **Mika will come to the concert, won't she?**

解説 (1)「午後に買い物へ行きましょう」→「午後に買い物へ行きましょうね」

(2)「これはとても難しい問題です」→「これはなんて難しい問題でしょう」

(3)「ここから私たちの学校までたった50メートルです」→「ここから私[あなた]たちの学校までどのくらいの距離（きょり）ですか」

(4)「ジロウは毎朝7時に家を出ます」→「ジロウは毎朝7時に家を出るのですね」Jiro（＝he）leaves なので，**doesn't he?** とする。

(5)「彼はなんてじょうずにテニスをするのだろう」→「彼はなんてじょうずなテニス選手だろう」

(6)「ミカはコンサートに来るでしょう」→「ミカはコンサートに来るのでしょうね」she will なので，**won't she?** とする。

5 (1) 彼らはなんて強い選手なのでしょう。

(2) あなたは私の宿題を手伝ってくれるのでしょうね。

(3) いっしょにテレビを見ましょうね。

解説 (1) They are very strong players. とほぼ同じ意味を表す。

(2)〈help＋人＋with ～〉で「人の～を手伝う」。

6 (1) **How beautiful that picture is [What a beautiful picture that is]!**

(2) **He bought many[a lot of] books yesterday, didn't he?**

解説 (1) How ～! と What ～! の2通りが可能。

(2) 過去の文なので，**didn't he?** をつける。

17 前置詞

p.122～123 基礎問題の答え

1 (1) 机の上の辞書　(2) 車で学校に来ます

(3) 庭にいる少年たち

(4) 夕食を食べる前に宿題をします

(5) 父は1週間たてば

解説 (1) The dictionary on the desk が主部。**on the desk** は **dictionary** を修飾。

(2) by car は「車で」の意味で **comes** を修飾。

(3) **in the garden** が **boys** を修飾して，「庭にいる少年たち」という意味になる。

(4) before eating dinner は before he eats dinner と同じ意味。

(5) **in a week**「1週間たてば，1週間後に」

2 (1) **at**　(2) **in**　(3) **after**　(4) **on**

(5) **for**　(6) **from**

解説 (1)「夜には星をたくさん見ることができます」**at night** で「夜に」という意味。evening なら in the evening となる。

(2)「冬にはスキーを楽しむことができます」「（季節）に」と言うときには前置詞 in を使う。

(3)「彼は夕食後に勉強します」選択肢の中で dinner と組み合わせて「勉強する」時間を表すことができるのは **after** のみ。

(4)「彼女は日曜日の朝にはパンを食べます」morning だけなら in the morning となるが，Sunday morning という特定の朝を表すときには **on** を使う。

(5)「彼らはそこに3日間滞在（たいざい）しました」「彼らはそこに滞在しました」と，「3日」をつなぐのは「～の間」を表す **for**。

(6)「私はたいてい5時から7時までピアノを練習します」「5時から」という起点となる「時」を表すのは **from**。

3 (1) **out of**　(2) **over**　(3) **between**

(4) **in**　　(5) **for**

解説 (1)「彼は建物から歩いて出ました」**out of** は「～から外へ」という意味を表す。

(2)「イヌは壁（かべ）を飛び越（こ）えました」**jump over ～** で「～を飛び越える」という意味。over は「～を越えて」。

37

(3)「ユミとマリの間にいる女の子はヨウコです」
The girl between Yumi and Mari が主部。
between Yumi and Mari が girl を修飾して「ユ
ミとマリの間にいる女の子」の意味を表す。
(4)「私のおじはイギリスに住んでいます」「～に」
と国の名前を言うときには in を使う。
(5)「この列車は沼津行きです」

4 (1) **with** (2) **with** (3) **without**
(4) **with**

解説 (1)「ナイフで」というのは「ナイフを使って」
という意味なので，「手段・道具」を表す **with**。
(2)「～といっしょに」という意味を表す **with ～**。
「～と」というのではなく，単に「いっしょに」とい
う場合は副詞の **together**。
(3)「～なしで」という意味を表す前置詞は **without**。
(4)〈help＋人＋with ～〉で「人の～を手伝う」。

5 (1) **on** / 彼は新宿駅で電車に乗りました。
(2) **to** / 音楽を聞くのは楽しいです。
(3) **of** / 私のイヌはヘビを怖がります。
(4) **for** / あなたはだれを待っているのですか。

解説 (1) get on ～「～に乗る」
(2) listen to ～「～を聞く」 この文は Listening
to music が主語。
(3) **be afraid of ～**「～が怖い」
(4) **wait for ～**「～を待つ」 ここでは～にあたる
のが疑問詞 who。

p.124～125 標準問題の答え

1 (1) エ (2) エ (3) ア (4) エ
(5) イ (6) ウ (7) ウ

解説 (1)「祖父は私に新しい自転車を買ってくれる予
定です」「私のために」という意味で **for**。
(2)「この本を私にくれませんか」
(3)「彼女はペンを使って祖母に手紙を書きました」
「道具・手段」を表す **with**。
(4)「母は数分後に戻ってくるでしょう」「～後に，
～たてば」という意味を表すのは **in**。
(5)「私の兄 [弟] はテニス部に入っています」
belong to ～「～に所属する」
(6)「私は土曜日には朝の授業があるので，土曜日は
都合が悪いです」「曜日・日付」には **on**。
(7)「学校に遅れてはいけません」**be late for ～**
「～に遅れる」

2 (1) **about** (2) **without eating**
(3) **by** (4) **During my** (5) **on**

解説 (1)「今度の日曜日にピクニックに行くのはどう
ですか」**How[What] about -ing?** で「～するの
はどうですか」と人を誘う表現。
(2)「私は寝ました。私はその夜食事をしませんでし
た」→「私はその夜食事をせずに寝ました」「食事を
しなかった」ということなので，「食事をせずに寝
た」という意味の文にする。「～せずに」は
without -ing。
(3)「ここから空港まで行くのに車で半時間[30分]
かかります」half an hour's drive は「車で半時間
[30分]」という意味。
(4)「私はアメリカ滞在中に彼を訪ねました」「滞在
している間に」を名詞 stay を含む3語で表す。
during は「～の期間中に」という意味の前置詞。
(5)「私は家に帰る途中でおじに会いました」
on one's way to ～ で「～へ行く途中」という意
味を表す。

3 (1) **for** (2) **in** (3) **in** (4) **from** (5) **at**
(6) **of** (7) **with** (8) **of** (9) **from** (10) **by**

解説 (1)〈thank＋人＋for ～〉で「人に～を感謝す
る」という意味。
(2)「手に」何かを持っている場合には **in one's
hand** で表す。
(3) 身につけているものを言うときには，**in** を使う。
(4) 出身地を言う場合には **come from ～** を使う。
(5) **be surprised at ～**「～に驚く」
(6) **take care of ～**「～の世話をする」
(7) **be pleased with ～**「～を喜ぶ」
(8) **be fond of -ing**「～するのが好きである」
(9) **be different from ～**「～と異なる」
(10) **by ～**「～によって」

4 (1) **He was looking for his pen.**
(2) **She called me in a loud voice.**
(3) **The shop in front of the school is**

解説 (1) look はいろいろな前置詞をとる。**look at
～** で「～を見る」，**look for ～** は「～をさがす」，
look after ～ は「～の世話をする」など。
(2)「大声で」は **in a loud voice** で表す。
(3)「～の前に」は **in front of ～** で表す。

1 (1) ア (2) エ (3) ア (4) エ (5) ウ (6) イ
(7) イ (8) イ (9) ウ (10) ア

2 (1) **What a great school trip we had!**
(2) **The top of the mountain is covered with snow.**
(3) **He will be back in an hour or two.**
(4) **She takes care of her sick grandmother.**
(5) **Who was the window broken by?**

3 (1) **When was this library built?[When did they build this library?]**
(2) **What a good tennis player she is!**
(3) **Carrot isn't in this cookie, is it?**
(4) **Is French spoken in that country[Do they speak French in that country]?**

4 (1) **without, anything**
(2) **They sell** (3) **were, taken**
(4) **traveling to** (5) **walk to**
(6) **different from**

5 (1) あと5分彼を待ちましょうね。
(2) 向こうの男の人は、なんてじょうずにギターを弾(ひ)くのでしょう。
(3) 村上春樹は世界中の人々に知られています。
(4) あなたの家から駅まではどれくらいの距離(きょり)ですか。

6 (1) **houses are seen from that**
(2) **is played by many**

7 (1) イ (2) ウ (3) ウ

解説 **1** (1)「あなたは昨日なぜ学校に遅れたのですか」
(2)「昨夜だれかが病院に運ばれました」carry のあとに目的語がないので、受け身と判断する。
(3)「なんて今日は暑いんでしょう」How ～! の感嘆文。it は天候を表す **it**。
(4)「彼女は学校へ歩いて行ったのですよね」付加疑問文。She walked なので、**didn't she** とする。
(5)「このリンゴは今朝、彼によって切られました」受け身の文は〈be 動詞＋過去分詞〉で表す。be 動詞は過去形であることに注意。

(6)「この部屋は昨日、生徒たちによってそうじされたのですか」受け身の疑問文は〈be 動詞＋主語＋過去分詞～?〉で表す。
(7)「あの男の子はフランス語を話しますよね」付加疑問文。That boy speaks なので、**doesn't he** とする。
(8)「彼女は5月1日の朝に生まれました」後ろに of May 1がついて特定の朝になっているので、**on**。
(9)「学校の規則によると、学校へ自転車で来てはいけません」交通手段を表すのは **by** で、ふつう冠詞 a や the はつけない。
(10)「学校の門のところで私を待っていてください」**wait for ～** で「～を待つ」

2 (1) what があるので〈**What a[an]＋形容詞＋名詞～!**〉の感嘆文にする。
(2)「雪におおわれている」は **be covered with snow**。
(3)「1，2時間で」は in を使って、**in an hour or two** とする。
(4)「～の面倒を見る」は **take care of ～**。
(5) 日本語は「だれが割ったのですか」となっているが、動詞が broken と過去分詞で、by があるので、受け身にすると判断する。The window was broken by ～. という文を Who で始める疑問文にする。最後に by を置く。did が不要。

3 (1)「いつ建てられましたか」なので受け身で考える。This library was built in ～. を基本にして、When で始まる疑問文にする。ただし、英語と日本語の表現法はちがうので、一般の人を表す they を主語にして、能動態で表してもよい。
(2)「テニスがじょうず」→「じょうずなテニス選手」と言いかえる。〈**What a[an]＋名詞～!**〉「なんて～なんでしょう」の感嘆文にする。
(3) 付加疑問文。Carrot isn't なので、is it とする。
(4) 受け身の疑問文で表す。

4 (1)「彼は何も言わずに部屋を出て行きました」「～しないで」という意味の **without -ing** を使う。without は否定の意味を持つので、nothing は anything にする。
(2)「あの店では何百冊もの雑誌を売っています」hundreds of magazines が目的語の位置にきているので、「店」を表す主語 they を使った能動態の文にする。

(3)「彼はいつこれらの写真をとりましたか」→「これらの写真はいつ彼にとられましたか」主語は these pictures なので，be 動詞は were。

(4)「私はたくさんのいろいろな国を旅行することに興味があります」**be interested in -ing** で「～することに興味がある」という意味。

(5)「彼らはいつも歩いて学校へ行きます」**on foot** は「歩いて」という意味。walk to ～ で表せる。

(6)「彼の自転車とあなたのものは同じではありません」→「彼の自転車はあなたのものとはちがいます」not the same なので **be different from ～** を使う。

5 (1) 付加疑問文。Let's ～ なので，shall we? とする。

(2) **How＋副詞～!** の感嘆文。

(3) **be known to ～** で「～に知られている」。

(4) **How far ～?** は「～はどれくらいの距離ですか」という意味。

6 (1) A「あの場所からは家が何軒見えますか」B「およそ20軒です」How many houses が主語。are seen なので「見られる」という受け身を表す。saw と is が不要。

(2) A「サッカーは世界中で人気があります」B「そうですね。サッカーは世界中のたくさんの人々にプレーされています」plays が不要。

7 **全訳** カズヤは17歳です。彼は沖縄南高校にかよっています。彼の学校はその強いサッカーチームで有名です。カズヤはとても優秀なサッカー選手です。彼はまた英語を話すのがじょうずです。彼は昨年学校の英語のスピーチコンテストで優勝しました。今年そのコンテストは9月に開かれます。カズヤは英語の活動が好きなので，それに参加するつもりです。彼は毎日たくさん練習をしていて，よい成績を取れるように願っています。

(1) **be good at ～**「～が得意である」前置詞 at のうしろには動名詞を置く。

(2) last year があるので過去形を選ぶ。

(3) 前に be があるので，受け身にする。hold の過去分詞は **held**。

18 品詞の整理

1 (1) the, the　(2) an　(3) ×, ×　(4) a, the

解説 (1)「私の兄[弟]は夜にギターを弾きます」楽器には the がつく。**in the evening**「夜に」は決まった言い方。

(2)「テーブルの上にオレンジが1つあります」「1つ」という意味で単数を表す a[an]。後ろの名詞が子音で始まる場合は a，母音で始まる場合は an を使う。

(3)「私たちはバスで学校へ行きます」go to school, go to work など，「建物」よりも「勉強する，仕事をする」というその内容のほうが重視される場合には冠詞はつかない。また，交通手段を言うときにも冠詞はつかない。

(4)「私はカメラを持っています。あなたはそのカメラを使ってもいいです」最初の「カメラ」は「不特定の1つ」を表し，次の「カメラ」は「私が持っているそのカメラ」という意味で特定のものをさしている。

2 (1) **many**　(2) **much**
　　(3) **a few**　(4) **little**

解説 (1) members は数えられる名詞なので，「多くの」という意味を表す場合には **many**。

(2) rain は数えられない名詞。「あまり降らない」は「たくさんは降らない」という意味で，不可算名詞の「多く」を表す **much**。

(3)「数枚」は **a few** で表す。

(4) money は数えられない名詞。数えられない名詞が「ほとんどない」という意味を表すときには，冠詞なしの **little** を使う。

3 (1) ウ　(2) エ　(3) ア　(4) イ

解説 物質名詞の量を表すときは，その形や器などの単位を使う。
(1)「1枚の紙」　　　　(2)「1枚のパン」
(3)「コップ1杯の牛乳」(4)「バター1ポンド」

4 (1) **one**　(2) **any**　(3) **some**　(4) **any**

解説 (1)「あなたはペンを持っていますか」「はい。1本持っています」特定のペンをさすのではなく，不特定の「1つ」をさすので **one**。

(2)「あなたは外国の切手を持っていますか」疑問文での **any** は「1枚でも」という意味を表す。

(3)「お茶をいかがですか」相手に何かを勧めるときには疑問文でも **some** を使う。

(4)「空には星が1つも見えません」否定文で使う any は「1つもない」という意味を表す。

5 (1) **the other**　(2) **Each**
　(3) **others**　　(4) **All**

解説 (1) 2つのうち1つは **one**，「もう1つ」は決まった1つなので **the other**。
(2)「それぞれ」は **each**。
(3) 不特定の中で「あるもの（複数）」は **some**，「また別の一部（複数）」は **others**。some に対して，残り全部をさす場合には the others となる。
(4)「みんな」は **all**。

6 (1) エ　(2) ア　(3) イ　(4) エ

解説 (1) speak English を修飾するので，そのあとに置く。
(2)「頻度」を表す副詞は一般動詞の直前に置く。
(3)「頻度」を表す副詞は，be 動詞があるときには be 動詞のすぐあとに置く。
(4) enough は修飾する形容詞［副詞］のあとに置く。

p.134〜135 標準問題の答え

1 (1) **no**　　(2) **a lot**　(3) **each**
　(4) **well**　(5) **very well**

解説 (1)「私には姉妹がいません」not any＝no。
(2)「私は庭でたくさんの鳥を見ました」**a lot of 〜** は数えられる名詞にも数えられない名詞にも使う。ただし，数えられる名詞の場合は複数形にする。
(3)「トムはジムを助け，ジムはトムを助けました」→「トムとジムはお互いに助け合いました」
(4)「彼女は英語を話すのがとてもじょうずです」「じょうずに」という意味の副詞 well を入れる。
(5)「ヨウコは料理がとてもじょうずです」

2 (1) **others**　(2) **any**　(3) **One, other**
　(4) **a sheet [piece] of**
　(5) **is little water**　(6) **Every**
　(7) **much**　(8) **Both**

解説 (1)「何冊か」は **some** で，その残りは **the others**。
(2) 肯定文で使われる **any** は「どんな〜でも」という意味を表す。
(3) 2人のうち1人目を one で表すとき，「もう1人」は限定されているので定冠詞 the を使った **the other**。
(4)「紙1枚」は **a sheet [piece] of paper** で表す。

(5)「ほとんどない」は冠詞のない **few** または **little** で表す。「水」は数えられない名詞なので little。数えられる名詞には few を使う。
(6)「すべて」は all か every だが，ここでは student が単数になっているので **every** を使う。all のあとに数えられる名詞がくる場合には必ず複数形になる。
(7)「あまりない」は **not many** または **not much**。「情報」information は数えられない名詞なので not much を使う。
(8)「両方とも」**both**

3 (1) **Any pupil in the class knows it.**
　(2) **He had enough money to buy it.**
　(3) **She is often in the library after school.**
　(4) **All the students took part in the activity.**

解説 (1)「どの児童でも」は **any pupil** で単数扱い。
(2)「〜するのに十分な…」**enough ... to 〜**
(3) often は is のすぐあと。
(4)「〜に参加する」は **take part in 〜**。

4 (1) 母はたいてい朝食にはパンを1枚食べます。
　(2) 私は辞書をなくしたので，父がまた別のもの［辞書］を買ってくれました。
　(3) 私は1日に2回散歩します。

解説 (1) **a slice of bread**「パンを1枚［1切れ］」
(2) **another one** は **another dictionary** のことで，「（なくしたのとは）別の辞書」。
(3) twice は **two times**「2回」。a day は **in a day**「1日に」または「1日につき」（＝**per day**）という意味。

5 (1) **I don't know him. He doesn't know me, either.**
　(2) **I often go to the restaurant with my family.**
　(3) **He is never absent from school.**

解説 (1) 肯定文では「〜も」という意味を表すのに too を使うが，否定文では **either** を使う。
(2) often「よく」は一般動詞の直前に置く。
(3)「学校を休む」は be absent from school。be 動詞があるので，**never** は be のすぐあとに置く。

19 現在完了(1)

p.138〜139 **基礎問題の答え**

1 (1) **have known** (2) **was** (3) **did**
(4) **did** (5) **for**

解説 (1)「彼らは2015年から彼女を知っています」since 〜 は「〜以来(今まで)」という意味で,よく完了形とともに使われる前置詞。
(2)「この前の日曜日は晴れでした」last Sunday は過去の一時点なので過去形を選ぶ。
(3)「彼はつい今しがた宿題をしました」just now は現在完了以外で使う副詞句。
(4)「成田にはいつ着きましたか」When は「いつ」という一時点を表すので,完了形とは使わない。文中に一般動詞 arrive がある did を選ぶ。
(5)「私はここに8か月住んでいます」eight months は「期間」なので,for を使う。

2 (1) **ア** (2) **ウ** (3) **ウ**

解説 (1)「私はちょうど朝食を食べたところです」「ちょうど」という意味の副詞 just を入れる。
(2)「私は2回,オーストラリアへ行ったことがあります」1回は once,2回は twice,3回以降は〈数字＋times〉で回数を表す。
(3)「あなたはすでに宿題を終えてしまいました」「すでに」という意味の副詞 already を入れる。

3 (1) **has stayed in Tokyo for two days**
(2) **have been good friends since last summer**
(3) **has already sent a letter to me**
(4) **has just finished his homework**
(5) **has already left**

解説 (1)「私のいとこは東京に滞在して2日になります」「継続」を表す現在完了にする。
(2)「私たちは昨年の夏からよい友だちです」「継続」を表す現在完了にする。
(3)「ケンはすでに私に手紙を送りました」「完了」を表す現在完了にする。
(4)「トムはちょうど宿題を終えたところです」「完了」を表す現在完了にする。
(5)「バスはもう出発しました」「完了」を表す現在完了にする。

4 (1) **イ** (2) **ウ**

解説 (1)「父は出かけました」ア「父は出かけたが戻ってきました」イ「父は出かけて,今家にはいません」ウ「父は出かけて,今家にいます」has gone は「行ってしまって今いない」という意味を表す。「行ったことがある」など,「戻ってきて,今はいる」という意味を表す場合には gone の代わりに been を使うことが多い。
(2)「テリーは2016年と昨年に東京へ行きました」ア「テリーは東京へ行ってしまいました」イ「テリーは2016年から東京にいます」ウ「テリーは東京へ2回行ったことがあります」2016年と昨年に東京に行ったのだから,ウが最も近い。

5 (1) **has, since** (2) **many times**
(3) **have been, once**
(4) **have often heard**

解説 (1)「〜以来」という意味を表すのは since。
(3)「経験」を表す現在完了。once「1回,1度」
(4) often の位置に注意する。

p.140〜141 **標準問題の答え**

1 (1) **has gone to**
(2) **has climbed, once**
(3) **has been to, before**
(4) **have known, since**

解説 (1)「行ってしまった(今はここにいない)」という意味を表すのは「結果」の現在完了。特に gone は「行ってしまった」という意味をよく表す。
(2)「一度」は once で表す。
(3)「経験」を表す現在完了。「行ったことがある」という意味を表すときには gone の代わりに been を使う。「以前に」は before。
(4)「継続」を表す現在完了。「〜(のとき)から」は since で表す。

2 (1) **lived, for** (2) **been, since**
(3) **have passed** (4) **gone**
(5) **have just been**

解説 (1)「彼は3年前に東京に来て,まだ東京に住んでいます」→「彼は東京に住んで3年になります」「期間の長さ」を表すのは for 〜。
(2)「ジロウは先週病気になりました。彼は今も病気です」→「ジロウは先週から病気です」

「先週病気になって，今も病気の状態が続いている」という「継続」を表す現在完了。

(3)「彼女がこの前彼に会って以来，10年が過ぎました」Ten years という複数名詞が主語なので，has ではなく have になる。同じ意味を，She hasn't seen him for ten years.「彼女は10年間彼に会っていない」で表すこともできる。

(4)「ミキはアメリカに行き，今そこにいます」→「ミキはアメリカに行ってしまいました」have [has] gone to ～ で「～に行ってしまった（今はここにいない）」の意味。

(5)「私は店に行って，今帰ってきたばかりです」→「私は今店に行ってきたばかりです」「今～したばかり」という意味を表すのは〈have just＋過去分詞〉の現在完了。ただし，「行ってきたばかり」という場合は gone よりも **been** を使うのがふつう。

[3] (1) **She has stayed with us for three years.**
(2) **They have gone to Kyoto.**

解説 (1)「継続」を表す現在完了。「彼女は３年間ずっと私たちと暮らしています」
(2)「完了」を表す現在完了。「彼らは京都へ行ってしまいました」

[4] (1) **My sister has just finished reading the book.**
(2) **I have already watched the movie.**
(3) **I have seen you in the park before.**
(4) **My grandfather has been dead for five years.**
(5) **I have just been to the airport to see him off.**
(6) **I have decided to keep a diary every day.**

解説 (1)「たった今～したところ」は〈have just＋過去分詞〉。「読み終える」は **finish reading**。
(2)「完了」を表す現在完了。**already** の位置に注意する。
(3)「経験」を表す現在完了。**before** は文末に置く。
(4) 直訳すると「祖父は５年間死んでいる」ということになる。**dead**「死んだ」という状態が５年間続いていることを表している。
(5)「たった今～に行ってきたところ」は have just been to ～。

(6)「完了」を表す現在完了。なお，**decide**「～と決定する，～と決める」は不定詞のみ目的語にとる動詞。

[5] (1) **She has been out since last night.**
(2) **He has lived here for two years.**
(3) **She has read the book twice.**
(4) **He has gone to New York.**
(5) **I have seen the picture before.**

解説 (1)「継続」を表す現在完了。「～から」は since で表す。
(2)「継続」を表す現在完了の文にする。
(3)「経験」を表す現在完了。「２回」は **twice** で表す。
(4)「完了」を表す現在完了。
(5)「経験」を表す現在完了の文にする。「以前に」は **before**。

20 現在完了(2)

p.144～145 基礎問題の答え

[1] (1) **Has Mary studied Japanese since last year?**
(2) **Have you ever seen a bear in the mountain?**
(3) **has not [hasn't] taken a shower yet**
(4) **has never taken this train**
(5) **Has he read the letter from her yet?**

解説 (1)「メアリーは昨年から日本語を勉強していますか」「継続」を表す現在完了にする。
(2)「あなたはこれまでに山でクマを見たことがありますか」「経験」を表す現在完了にする。
(3)「ケンはまだシャワーを浴びていません」「完了」を表す現在完了にする。
(4)「トムはこの列車に乗ったことが一度もありません」「経験」を表す現在完了にする。
(5)「彼はもう彼女からの手紙を読みましたか」「完了」を表す現在完了にする。

[2] (1) イ (2) ウ (3) イ (4) ウ (5) イ

解説 (1)「あなたは今までにあの男性を見たことがありますか」Have you ever ～? は「今までに～したことがありますか」という意味。

(2) A「あなたはその本を読むつもりですか」B「いいえ，もう読みました」これからするつもりかどうかたずねたのに対して，No. で答え，現在完了形でhave read it と言っているので，「もう，すでに」という **already** が入る。

(3)「あなたは今年，サトウさんに何回会いましたか」**How many times ～?** は回数をたずねる表現。

(4) A「あなたは食器を洗ってしまいましたか」B「いいえ，まだです」No, I haven't. の代わりに，No, not yet. と答えることもできる。

(5) A「彼女はあなたのお兄さん[弟]に会ったことはありますか」B「いいえ。彼女は今までに，一度も彼に会ったことはありません」**never**「一度も～ない」

③ (1) **have been thinking**
  (2) **has been raining**
  (3) **has been playing**
  (4) **has been sleeping**

解説 (1)「あなたが去って以来，私はあなたのことを考え続けています」「継続」の意味を強めた現在完了進行形の文にする。

(2)「昨晩からずっと雨が降り続いています」「継続」の意味を強めた現在完了進行形の文。

(3)「彼は2時間ずっとギターを弾き続けています」

(4)「私の兄[弟]は昨日からずっと眠り続けています」

④ (1) **Have you been writing**
  (2) **been listening**
  (3) **haven't been swimming**

解説 「継続」の意味を強調する現在完了進行形の文は〈have[has] been ＋-ing〉で表す。

(1)「あなたは1時間ずっと手紙を書き続けているのですか」

(2)「あなたはどのくらいの間，その音楽を聴き続けているのですか」**How long ～?**「どのくらいの間～?」と期間をたずねる表現。

(3)「私たちは1日中，海で泳いでいたわけではありません」

⑤ (1) 大阪を何回訪れたことがありますか
  (2) 今朝からずっとその問題について話し続けています
  (3) どのくらいの間，その新聞のニュースを読み続けているのですか

(4) あなたのものほど大きなネコを見たことがありません

解説 (1)「経験」を表す現在完了の文。

(2)「継続」を表す現在完了進行形の文。

(3)「継続」を表す現在完了進行形の文。**How long ～?**「どのくらいの間～?」

(4)「経験」を表す現在完了の文。**never**「一度も～ない」

p.146～147 標準問題の答え

① (1) **has not, yet**
  (2) **have been working for**
  (3) **has never been to**
  (4) **How, have, lived[been]**

解説 (1) 現在完了の否定文。「まだ」は **yet** で表す。

(2)「継続」を表す現在完了進行形の文。「～の間」は **for** で表す。

(3)「行ったことがない」という意味を表すときには gone の代わりに **been** を使うのがふつう。

(4)「どのくらい」と「期間」をたずねるのは **how long**。「住んでいますか」は今も継続して住んでいるという意味なので，現在完了を使う。

② (1) **been studying since**
  (2) **hasn't seen, yet** (3) **never**

解説 (1)「ジロウは今朝勉強し始めました。彼は今もまだ勉強しています」→「ジロウは今朝からずっと勉強し続けています」「継続」を表す現在完了進行形の文にする。

(2)「ナンシーはその映画を見たいですが，彼女はそれを見ていません」→「ナンシーはまだその映画を見ていません」現在完了の否定文にする。

(3)「これは私の初めての北海道旅行です」→「私は今まで北海道へ行ったことがありません」これまで行ったことがないということ。

③ (1) **How long has she stayed in Japan?**
  (2) **How many times[How often] have you visited Yamagata?**
  (3) **I have been using this computer for six hours.**
  (4) **Bob has never eaten Japanese food.**

解説 (1)「彼女は日本に3年半います」→「彼女はどれくらい日本にいるのですか」

44

下線部は「期間の長さ」を表しているので，それを問う **How long ～?** を使う。

(2)「私は山形を2回訪れたことがあります」→「あなたは何回山形を訪れたことがありますか」下線部は「回数」なので，**How many times[How often] ～?**「何回」かをたずねる文を使う。

(3)「私はこのコンピューターを6時間ずっと使い続けています」過去に始めた動作が現在も「継続」していることを強調した現在完了進行形の文にする。

(4)「ボブはこれまでに一度も日本食を食べたことがありません」「経験」を表す現在完了の文にする。「1度も～ない」は never で表す。

---

4 (1) **I have been reading this book since last night.**

(2) **Have you ever been to Hokkaido?**

(3) **I haven't seen you for a long time.**

(4) **How many times have you cleaned your room?**

(5) **Have you been thinking about the problem?**

(6) **I haven't heard from John since he moved to Brazil.**

解説 (1) been, reading があるので，「継続」を強調した現在完了進行形の文にする。read が不要。

(3)「しばらく」は「長い間」と考えて **for a long time** とする。

(4) How often ～? でも言えるが，many があることから times を補い，**How many times ～?**「何回～?」と，回数をたずねる表現にする。

(5) have, thinking があることから，「継続」を強調した現在完了進行形の文とわかる。been を補う。

(6)「～から便りがある」は **hear from ～**。ここではその否定文の現在完了にする。

---

5 (1) **I have never been abroad[to a foreign country / overseas] (before).**

(2) **How long have you been waiting for me?**

(3) **Have you finished your homework yet?**

(4) **She has not[hasn't] written her report yet.**

(5) **How many times have you been to the zoo?**

解説 (1)「一度も～したことがない」は **have never ～**。「外国へ行く」は **go abroad，go to a foreign country，go overseas** など。

(2)「どのくらいの間～?」は **How long ～?** で表す。

(3)「完了」を表す現在完了の文にする。疑問文では「もう」は **yet** で表す。

(4)「完了」を表す現在完了の文にする。否定文では「まだ」は **(not) yet**。

(5)「何回～?」は **How many times ～?** や **How often ～?** で表す。

---

p.148～151 実力アップ問題の答え

1 (1) イ (2) エ (3) ウ (4) ウ (5) イ
(6) ウ (7) エ (8) ア (9) ア (10) ウ

2 (1) **has been to Nara five**

(2) **Who has been watching TV since this morning?**

(3) **Have you ever traveled to foreign countries alone?**

(4) **How long has your uncle lived**

(5) **Have you ever tried learning how to play the violin?**

3 (1) **How many times have you eaten [tried, had] French food?**

(2) **Have you cleaned the room yet?**

(3) **Have you ever seen a UFO?**

(4) **It has been snowing since last week.**

4 (1) **has, for**　　(2) **all words**
(3) **died, ago**　　(4) **been making**
(5) **children, go**
(6) **never tried[eaten, had]**

5 (1) これらの皿はまだ洗われていません。

(2) 集会室[会議室]は今朝からテニス部によって使われています。

(3) 私はそんなに美しい山を見たことがありません。

(4) 彼らのそれぞれが自分自身のカメラを買いたがっていました。

6 (1) **heard**

(2) **How many times have you been**
　　　　to
　　(3) **One is Tom's, and the other is**
7 (1) ウ (2) ア (3) ウ

解説 1 (1)「あなたはタマネギとニンジンが好きではありません。私も好きではありません」否定文で「～もまた (ない)」という意味を表すのは **(not) either**。

(2)「彼女は日本に来て以来，忙しいです」「日本に来た」ときを起点として「～以来」という意味を表すので **since**。

(3)「そのとき庭には雪がたくさん積もっていました」then「そのとき」は現在ではないので，過去と判断する。主語は snow で数えられない名詞なので，be 動詞は was。

(4)「私はここに2本のペンを持っています。ひとつは私のもので，もうひとつは私の友だちのものです」ふたつのもののもうひとつは **the other** で表す。

(5)「この本はとてもおもしろいのでよく売れます」sell は sell well の形で「よく売れる」という意味に使われる。

(6)「私のコンピューターセットは大変古い。新しいものを買うつもりです」不特定の computer をさす代名詞は one。

(7)「私の周りには悪いことが本当にたくさん起こっています」There is の現在完了の文。主語は bad things (複数形) なので，have を使う。

(8)「紙を2枚ください。ジョンとメアリーに私の電話番号を教えます」「紙1枚」は a sheet of paper または a piece of paper。two なので piece を複数形にする。

(9)「このテーブルは木でできています」

(10)「日本では6月にたくさん雨が降ります」rain は数えられない名詞なので複数形にはならず，「たくさん」を表すには much または a lot of を使う。

2 (1)「5回」は **five times**。

(2)「継続」を表す現在完了進行形の文。watched が不要。

(3)「今までに～したことがありますか」は Have you ever ～? で表す。alone は文の最後に置く。

(4)「住んでどのくらいになりますか」は「どのくらいの期間住んでいますか」という意味なので，**How long** で始めて，has your uncle lived とする。long を補う。

(5)「経験」を表す現在完了の文。trying が不要。**try -ing**「試しに～してみる」，**try to ～**「～することに挑戦する」のちがいに注意する。

3 (1)「何回～?」は **How many times ～?** で表す。

(2) 主語は「あなた」と考える。「もう」は疑問文では **yet**。

(3)「経験」をたずねる現在完了の疑問文。〈**Have you ever＋過去分詞～?**〉の形で表す。

(4) snowing があるので，「継続」を表す現在完了進行形の文にする。

4 (1)「祖父は20年前にアメリカに行って，今もそこに住んでいます」→「祖父がアメリカに住んで20年経ちます」20年前から今までの「継続」を表す現在完了の文にする。20 years は「期間の長さ」なので for を使う。

(2)「彼はその詩のどの語も書き写しました」→「彼はその詩のすべての語を書き写しました」〈every＋単数名詞〉「すべての～」を〈all＋複数名詞〉「すべての～」に書きかえる。

(3)「祖父が亡くなって10年になります」→「祖父は10年前に亡くなりました」10年前に亡くなったという意味。

(4)「ケンは3時間前に夕食をつくりはじめ，まだそれをしています」→「ケンは3時間ずっと夕食をつくり続けています」「継続」を表す現在完了進行形の文にする。

(5)「彼の家族の子どもは全員バスで学校へ行っています」Every は単数扱いなので goes となるが，all は複数扱いなので，動詞も go にする。child の複数形 children のつづりに注意。

(6)「日本食を食べるのは私にとって初めてです」→「私はこれまでに日本食を食べたことが一度もありません」「経験」を表す現在完了の文に書きかえる。

5 (1) **haven't been washed** は受け身の現在完了の否定文で「まだ～されていない」という意味を表す。

(2) has been used は「継続」を表す現在完了の受け身。「使われ続けている」という意味になる。

(3)「経験」を表す現在完了で，「～したことがない」の意味。

(4)〈**each of＋複数名詞**〉「～のそれぞれ [めいめい]」

6 (1) A「あなたはこの歌を知っていますか」B「はい，以前聞いたことがあります」

⑵ **How many times ～?**「何回～?」を使う。
gone と long が不要。
⑶ is が 2 つあるので, 私のものはふたつあるうち
のもうひとつと考え, **one ～, and the other** と
する。others が不要。

7 ⑴ **ア**と**イ**は「経験」, **ウ**は「継続」
⑵ **ア**は「継続」, **イ**と**ウ**は「経験」
⑶ **ア**と**イ**は「完了」, **ウ**は「経験」

②